悪霊から身を守る方法

皆本幹雄

SEIKO SHOBO

はじめに

はじめに

タタリ（祟り）とかサワリ（霊障害）などという言葉を耳にすると、あなたは頭から軽蔑《けいべつ》するだろうか。いや、あらためて尋ねるまでもなく一笑に付される方が多いだろう。

無理もない。現代はといえば、暗黒の宇宙空間に人工衛星なるものを打ち上げて月や惑星の周辺で宇宙飛行士をウロウロさせ、遺伝子工学の最先端研究は生物の発生の謎を解明しようかという勢いで進歩している。タタリやサワリなど、霊幽の世界に属することにはまったく無関心であるか、または嘲笑《ちようしよう》する人が多いのも当然かもしれない。

だが、ちょっと待っていただきたい。科学が発達すればするほど、未知の世界、不可知の（と思われる世界）分野が次から次へと生まれてくることも事実なのである。

逆にいえば、それだからこそ科学が発達してきた、ともいえるのである。人知が進めば進むほど、それまで予想しなかった未知の世界が立ちふさがる。いわばイタチごっこの連続が、人間の歴史であった。人間にはどこまでいっても〝未知〟の世界がついてまわるということだ。

視点を変えて考えてみよう。

光があふれる真っ昼間、あなたが正常な視力の持ち主なら、周囲の風景、人物は手に取るようによく見えることであろう。だが、たとえ明るい昼間であっても、あなたの視野の先にビルの壁があったり、山がさえぎったりしているなら、その向こう側を見ることは不可能である。また、一定の距離以上は視覚でとらえることは物理的にも不可能だ。これがさらに、星あかりもない闇夜となれば、完全にお手あげであろう。いかに視力に自信のあるあなたであっても、見通しもきかなければ、物の形もさだかには判別できまい。

そう、誤解を恐れずにわかりやすくたとえれば、現世と霊幽界との関係は、人間にとって、この昼と夜の関係に似ている。

視覚だけではない。音についても同様である。人間の耳は、いかに聴力のよさを誇る人でも、音の振動数の、ごく限られた幅しかとらえることはできない。

霊幽の世界にたいする通常の人の状態は、見れども見えず、聞けども聞こえず——といったふうなものであろう。

神々や霊幽の世界と、現実に生きて生活している人間の世界——この二つの世界をつなぐ役割を果たすのが、いわゆる霊能者である。神々や霊幽の声なき声を聞き取り、それを現界の人間に伝達し、その人の悩み、苦しみを解きほぐす方法を伝えるのが霊能者の役割の一つなのだ。

私が霊感・霊視に目覚めたのは幼いころだが、専門的にこの世界にはいったのは三十余年前である。以来、さまざまな人びとの苦しみを聞き、それにまつわる霊幽の因縁《いんねん》を霊査《れいさ》するにつけ、「なんと霊界の事情に無知な人が多いのだろう」と長嘆息することがしばしばであった。

そこで本書では、これまでに受けた実際の相談のなかから実例をひろいあげ、できるだけ簡潔に解説をくわえることにした。さらに後半部では、ぜひとも知っておいていただきたい霊幽界の仕組み、霊幽界とのつき合い方、この日本での霊たちの立ち働きの歴史などを述べてみたい。

人間の一生は霊が支配しているといっても過言ではない。複雑な因縁のしがらみのなかで、困り果て、苦しんでいる方のために、ほんの少しでも参考になれば、というのが私の願いである。

目次◎悪霊から身を守る方法

第一部◎ 実例集 悪霊に取り憑かれた人びと

第二部◎悪霊から身を守るための実践学

第一章 幽界・霊界・神仏界、その大いなる秘密

第二章

あなたの幸・不幸は霊幽界が仕組んでいる

第三章 人生と神霊界の驚くべき関係

装幀◎長谷川 理（phontage guild）
カバー画◎河鍋暁斎『暁斎漫画』より（提供・河鍋暁斎記念美術館）

第一部◎

実例集 悪霊に取り憑かれた人びと

ここに記すのはすべて、
この私が体験した霊障害の実例である。
私たち人間の悩みや迷い、苦しみが、
いかに霊幽界からの働きかけによるものに起因しているか、
その実例をとくと知っていただきたい。
あなたの悩み、苦しみに似た話がきっと見つかるかもしれない。

幼時、私は多数の死霊を視た

私は前著『霊は生きている』で、自分が初めて霊を感じたのは四歳のときのようだと書いた。それを読んだある人から、「やはり霊能力のある人は小さいときから違うんですね」と言われた。

しかし、私自身は、これも前著で触れたが、青壮年期まで、霊幽界の実在はわからず、その不思議な働きと現界とのかかわりについてはまるで気づかずにいた。私は、霊感ということだけについてならば、人によってそれが強い弱い、あるいは深い浅いの差はあっても、だれもが持っていると思う。それこそ何か予感を感じたり、胸さわぎを覚えたり、夢に見たりして、それが当たったというようなことは、だれもが体験しているだろう。

一般的には、そのなかの実際の霊幽界からの働きかけに対しても、こちらからの通信を送って交感する術《すべ》が知られていないために、ただそれが不思議なこととしか認識されず、自分の霊感に気づかないまま、したがって霊幽界の存在にも気づかないまま過ごしているのではないだろうか。

前著でも、私がまだ霊幽界と交信する能力のなかった小さいときのこと、戦争中の私の霊体験をご紹介したが、本篇でも私の少年時代の体験をご披露《ひろう》してみよう。

大平洋戦争が始まってすぐのころである。当時は、だれかれなしに、貧乏人の男子は兵隊にとられた。戦争末期は知らないが、金持ちの息子や有力者の息子などは、徴兵《ちょうへい》検査の医者に賄賂《わいろ》を贈って、不合格にさせるなど、いろいろ金や権力を使って息子を兵隊にとられないようにしている者がいたのである。

それはさておき、私の家から歩いて三十分ぐらいのところに、氏神《うじがみ》神社があった。息子を兵隊にとられた親や家族が、兵士となった息子や兄弟の武運長久《ぶうんちょうきゅう》を祈願しに、よくこの神社に参っていたものである。

私の母も、自分の夫が、無事で早く帰ってくるようにと、夕方になると毎日お参りしていた。母と一緒に、私も神社参りのお供をしていた。小さいながらも、ボディガード役である。

その神社に行く途中、国鉄・山陰本線の踏切りがある。ここにくると、母はいつも怯《おび》えたように、私の手を固く握りしめ、身体を振るわせて、「ナンマンダブツ」と唱えながら踏切りを渡るのである。

私は、なぜ母が、いつも踏切りで「ナンマンダブツ」と言うのか不思議に思っていた。しかし、その理由を尋ねても母は話をしてくれなかった。

だが、私にはその理由がおぼろげながらにわかっていた。この踏切りは何回となく事故があり、列車にはねられたり、轢《ひ》かれたり、また列車に飛び込んで自殺したりして多数の人が死んでいる。

実は、私は母と違って、この踏切りを通るのが一日の、楽しみの一つであった。通ればなにかが視《み》えるのだ。いまから思えば、たわいない霊視《れいし》とはいえ、私は毎日、なにかを見物させてもらっているような気になっていたのである。

たとえば、列車が車輪に生首をつけたまま走っているとか、ザンバラ髪の女の顔がレールの上にひょこんと乗っているとか、線路わきにご丁寧《ていねい》にもゴザを敷いて、二人の男女が、たぶん最後の食事だろうが、青ざめた顔をしてめしを食べている姿とか、おそらく、列車に轢かれたのだろう、膝から下がちぎれた足を持って、必死に接着させようとしている男とか、月夜の晩などは、レールの上が青白く光って、その上を火の魂《たま》が舞っているとか、また保線員が、闇の中で作業をしている等々、さまざまな霊視ができたのである。

これらを視ても、私は不思議と怖くなかった。とにかく、どういうわけかここを通ると、いままでいう霊視ができたのである。こうした踏切りとか、あるいは墓地とか、幽気や霊気のおびただしく漂《ただよ》う場所では、だれもがそれを感じられるというだけなら、〝霊感者〟であるといいえなくもない。

神社参りに日参していたある晩のことである。帰り道のことであったが、例の踏切りのところで、ある人の霊を視た。それは母も知っている人だったので、なかばからかい半分で母に知らせてやろうと、「お母さん、山川さんのおじさんが、元気なさそうに、ただいま帰りましたと、お母さんに敬礼しているよ」と言った。すると母は、一瞬ギョッとして、「エッ!」と言ったまま、踏切りのところで腰が抜けたように、へたばりこんでしまった。

「山川のおじさん」というのは、私の両親の媒酌《ばいしゃく》で結婚式を挙げ、それから間もなく出征し、その当時は、フィリピン戦線に行っていた。私が、「山川のおじさんが敬礼しているよ」と言ったので、母は直感的に、山川さんが戦死したことを覚《さと》ったのだろう。母は、山川さんが、結婚して間もなく、新妻との別れに泣きの涙で出征していった姿と、残された嫁さんのことなどを思い浮かべて、わがことのように気落ちしてしまい、へたへたと座り込んでしまったのだろう。

私は、実はこの瞬間、もう一つの霊を視た。それは、昭和三年に一歳六カ月で死んだ兄の博美の姿であった。以後、私が母をからかったりするときに、かならず実兄の霊を感じた。いま思えば、兄の霊は、水子霊に似た、淋しい、あるいはさもしい霊だったように思う。兄の霊としては、「弟や妹ばかりが可愛がられて」という思いがあったのだろう。

母をからかうときに、かならず兄の霊を感じたというのは、実兄霊が私の肉体に憑《つ》いて、一緒に母をからかったり、責《せ》めたりしていたのである。

その母もいまは亡《な》い。早死にであった。まさか、兄の霊が母の寿命を短くしたのではないだろうなあと思ったりする。そうだとすると、兄の霊がそうさせたとはいえ、からかったり、責めたりしたのは私であったから、私も親不孝の片棒をかついだことになる。

あれから数十年たって、私が交霊の能力を得させてもらった後、私は母と兄との両霊に会ったことがある。兄は終始唸《うな》るばかりでひと言も語らなかったが、母は私に兄の霊鎮《たましず》めと、自分の霊浄《たまきよ》めを願った。

私は自分の守護霊に頼み、二人にどうしてやればいいのか指示してもらった。以来、二人の霊には会っていない。指示された供養《くよう》だけをさせてもらっている。

こうして人は悪霊に取り憑かれてゆく

「小学校の校舎に男が侵入、包丁で学童八人を次つぎと刺殺」

「ストーカーが嵩《こう》じて女子大生を殺人。逃亡の末、犯人も自殺」

「通行中の母子ら四人が、包丁男に刺されて死亡」

こうした事件が、テレビや新聞をにぎわしたことをあなたも覚えているだろう。

世の中が複雑になり、人間関係が希薄になってきた昨今、だれもがこのような事件に巻き込まれる危険が多くなったように思う。

冒頭にあげたような事件の恐ろしさは、犯罪行為が残虐なだけでなく、なんの予告もなく、ある日突然に、それも見も知らずの人間から被害を受けることにあるのではないだろうか。予想できない〝まさか〟ということが自分の身にふりかかる、そういうそら恐ろしさを覚える。

こうした事件のもう一つ怖いところは、犯罪者の精神にとりたてて異常が認められないケースが多いということである。つまり、〝正常者〟が狂気のような事件を起こす。チェコスロバキア生まれのユダヤ人作家、フランツ・カフカは、人間の〝不条理〟を扱った作品を多く書いているが、この日本での凶悪犯罪の諸相も、まさに不条理としか言いようがない。そして、恐ろしいのは、それが小説の世界ではなく現実に起こるということである。

狂気のような事件が起こると、よく犯罪者の精神鑑定をする。その結果、特に精神の異常が認められないケースが多いというのは、いったいどういうことなのだろうか。そういえば、小学校侵入殺人の犯人も、母子ら四人を刺殺した犯人も、新聞報道によると精神異常者ではないという。

しかし、本当に彼らは〝正常〟なのであろうか。

私の判断をいうと、彼らはやはり〝正常〟ではない。個別によく霊査しないと確かな答はできないが、その異常さから判断すると、彼らは動物霊に取《と》り憑《つ》かれているに違いない。それも水子霊にまつわるものではないかと思う。

動物霊に憑かれた人は、日常は、普通の人となんら変わらぬ生活を送っているのであるが、霊が働きだすと突然、異常になる。そういう姿が一つの特徴なのである。人口が集中する都会には、こうした動物霊や水子霊に憑かれた人間もそれだけ多く、あなたのまわりにもうようよしていることを知っていただきたい。

私のところに相談にくる人のなかにも、動物霊に取り憑かれたケースが少なくない。幸い〝事件〟に発展してはいないが、異常と正常が交差する人と相対することもある。その一つの例を紹介してみよう。

新婚旅行でキツネ霊に憑依された女

その相談者は若い女性であった。もちろん初対面であるが、私と会ったとたん、その女性の形相《ぎょうそう》がみるみる変化し、次のような問答が始まった。

話がよくわかるように、私の発言は――で、女性の発言は「　」で示しておこう。

「お前が責任を取ってくれ！」

――責任とはなんだ！

「私の水子霊を封じたのはお前だ！」

とにかく、突然、こんな調子で私に難くせをつけてきた。言葉の調子も女性ではなく男言葉。見ると口からタラタラよだれをたらしている。明らかに動物霊の憑依《ひょうい》の典型的な仕種である。

――バカなことを言うな！　お前とは初めて会ったんだ。

そう言いながら、私はタバコに火をつけた。動物霊はタバコの煙りとか線香の煙りが嫌いだからである。それで試しにタバコを喫《す》ってみたのである。

「そのタバコをくれ」

――お前はタバコが喫えないだろう。なんのためにお前にタバコをやらねばならん。

「ウーン、苦しい。タバコの煙りを吐かんでくれ」

――オレの勝手だ。お前の命令など受けん。

「ほかのことで仇《かたき》をとってやる！」

――おお、やれるものならやってみろ！

と言ったとたん、私は無意識のうちに立ち上がり、「エイッ！」とするどく気合をかけ、九字を切ったのである。私の守護霊がそうさせたのだ。

その瞬間、その女性は恐れとおののきの表情に変わり、立ち上がるや、よく神社などで見受けるキツネの格好をして、「ケーン、ケーン」と鳴きだした。

そんな状態が数十秒間つづいただろうか。いや、数秒間だったかもしれない。やがて表情も姿態も普通の人間に戻り、「ごめんなさい、ごめんなさい、先生ごめんなさい」と言いながら、大粒の涙をボロボロと流し、私に平謝りに謝るのである。

やっと〝人間〟に戻って、落ち着いたその女性と、彼女を連れてきた姉をまじえ、いろいろと話を聞いてみた。

その女性が異常な行動を取るようになったのは、十年ほど前からだという。それならば、なにか霊障害を受けるような原因があるに違いない。いろいろ思い出してもらって話を聞くうち、おぼろげながら霊障害の原因がわかってきた。

彼女はちょうど十年前に結婚し、新婚旅行にでかけた。その旅行先の旅館でのことである。その旅館には、敷地の片隅に小さな祠《ほこら》が祀《まつ》ってあった。もともと信仰心の篤《あつ》い女性なので、無事に結婚できたことを感謝し、末長い幸せを願って、その祠で「般若心経《はんにゃしんぎょう》」をあげたという。

ところが、このせっかくの信仰心からでた行為が、まったくのアダになったのである。

というのは、この祠にはキツネの動物霊がいて、静かに納まっていたのだが、その女性が霊界と中途半端な縁を結ぼうとしたために、キツネの霊を自らその女性の肉体に招いてしまったのである。前著『霊は生きている』にも記したように、神社や仏閣には、動物霊がたくさんいて、下手《へた》な拝み方をすると、それらに憑依《ひょうい》されてしまうことがあるのだ。

ともあれ、この直後から、彼女の異常な行動が始まった。たぶん本人は気がついていないだろう。それと、ご主人がいるときは正常なのである。ご主人がいないと、昼といわず夜といわず、夢想状態になり、キツネとセックスをするのである。そうして恍惚《こうこつ》状態になると、霊感が強く働いて、支離滅裂《しりめつれつ》な言葉をはき、目を怒らせ、だれかれ構わず威嚇《いかく》するようになる。

そんなことから、隣近所はもとより、親兄弟や親類からまで怖がられ、気味悪がられてしまうようになったという。精神病院にも何度か入院させたのだが、そのたびに逃げて帰ってくる。ほとほと困りましたと、その女性の姉が疲れきった表情で言う。

キツネが、その女性の肉体をもてあそばないときはごく正常なのだから、かえって気味が悪い。今ではまわりの者のほうが、神経がまいっている始末だという。

姉の話によると、いろいろと霊的な方法もやってみたが、まるで効き目がなく、ますますひどくなるばかりということだ。以下は私とその女性の姉との対話である。

「今までお話ししてきたとおりなんですが、どうしたらよいでしょうか。なんとかお助けください」

――新婚旅行で泊った旅館に行って、キツネの霊に、元の祠に鎮《しず》まるように願うことですね。

「本人がですか？」

――もちろんです。本人が、私たち夫婦をどうぞよろしくお願いします、といったのが事のはじまりなんですから。

「それはそうでしょうが、本人にそんな霊能力があるわけではないので、だれか霊感師とか、祈祷師にお願いしなければ……」

――確かにそう思われるでしょうが、この場合はかえって逆効果になります。というのは、招霊というか、本人がどうぞよろしくといって霊魂をわが身に呼び込んでいますのでね。霊のほうから飛び込んだのではないので、そのキツネの霊に、申しわけありません、どうぞ戻ってくださいとお願いするしかないのです。そういう本人の誠意しか効果はありません。他の念力法や霊術法では無理です。一時的に除霊法が効果があっても、それはすぐ元の木阿弥《もくあみ》になるでしょう。今までいろんな霊的な手段をつくしても駄目だったのはそのせいです。

私はそう答え、納得してもらった。

世の中には、私のような専門家や霊媒師に頼めば、すべての除霊ができるかのように思っている人が多い。が、現実はかならずしもそうではない。このケースのように、本人が除霊すべきなのに、霊媒師などに施法《せほう》を頼んで逆効果になっていることがあることを知ってほしい。

深夜に現われた老姿霊の願い

「霊」というと、すぐ、タタリやサワリがあるもの、と思いがちだが、そうではない。もう一度、ここで霊幽界のしきたりや構造、現界とのかかわり方の全体について詳述することはさけたいので、そこはご面倒ながら前著『霊は生きている』を参照していただきたい。ただここでは、いろいろな霊のなかでも、守護霊となって、現界の人間を守ってくれるありがたい先祖霊のあることだけは知っておいていただきたい。

この項では、そうした、よい先祖霊の例を少しだけ紹介してみたい。

ある夜半のことである。私は原稿の執筆中で、ちょうど熱が入っているときであった。ふと顔をあげると、机がわりに使っていたテーブルの向こうで、一人の老婆が畳の上で平伏しているのが視《み》えた。もちろん霊視である。

　問いかけるまでもなく、その老婆は自己紹介し、「率爾《そつじ》ながら、お願いの儀がございます」と挨拶《あいさつ》し、話を始めた。姿も、話しぶりも実に品がある。礼儀も正しい。私は、「ああ、この人は、幕末から明治時代にかけて生まれ育った人だなあ」と思った。

　その品のよい老婆は、長々と依頼の事柄を述べたのであるが、要約するとこうである。

その人霊の曾孫《そうそん》（ひまご）にあたる夫婦が、三十代の半ばを過ぎて懐妊した。結婚して十数年目に初めて妊娠したのである。年齢的にいうと中年期のいわゆる「高齢期初産」で、母体にも無理がかかる。そんな心配や本人の体力的な不安もある。

　子どもはできないものと、もうすっかりあきらめていたので、妊娠したのはうれしいが、「いい年をして」などと世間から言われるのではないか。そんなことをあれこれと思案して、子どもを堕《お》ろそうか、いや、堕ろすと水子霊が怖いなどと、まるで愚かなことで悩んでいる。

「いままで、赤ちゃんができなかったのに、やっとさずかったのは、いわば天のおぼしめし、ちゃんと生んで立派に育てるのが、天の道、人の道である。幸いあなたとも知り合いなので、堕胎などしないよう、あなたから、即刻、適切な指示を与えてやってほしい」

　というのである。あなたと知り合いと聞いて、私も、「ああ、あの人の曾祖母さんの霊か」と思い当たる人があった。すなわちこの人の曾孫にあたる女性というのは、祭行事などでよく顔を合わせるし、ときどき私のところにも、いろいろと相談にくるKさんなのである。そういえば、Kさんと面接すると、ときどきその背後に何かの霊が現われることに気づいていたが、するとあれがこの曾祖母であったのか。

ああそうか、Kさんの祖先霊かと思ったとたん、その霊も「そうなんですよ」といわんばかりに、ニッコリと笑顔でうなずいた。そして、さも私の用事は済みましたといった風《ふ》情《ぜい》で、スッと姿を消したのである。私が、万事心得た、ということがわかったからであろう。こういう安らかに成仏《じょうぶつ》した霊と交話するのはうれしい。

翌朝、「今日は、きっとKさんがくるぞ」と思っていると、早速、その日の訪問客第一号がやってきた。間違いなくKさんである。

「先生、実は年がいもなく、妊娠してしまいました」

――ほう、それはめでたいですね。

私は先刻承知しているが、しらばっくれて答える。

「でも、こんな年で、世間様に恥ずかしい」

と顔を赤らめる。

この人は、いつ会っても邪気がなく、人柄もいい。それに善人の見本のような人物である。あるいは、これも曾祖母さんの先祖霊の善導のたまものであろう。

Kさんがつづけて言う。

「それに体力的なことでも自信がありませんでしょう。どうしたらいいんだろうかと思いまして……」

なにもかも先祖霊の宣告どおりである。

「でも堕ろそうかとも考えたのですが、わたくし、いつも先生から、水子霊をつくることは殺人罪と同じ、霊の世界での水子のむごさ、みじめさをイヤというほど教えられたので、堕胎する気にもなれません。いったい、どうしたらよいのか……。いろいろ迷ったのですが、やはり先生に相談し、先生のおっしゃるとおりにしようと、昨夜主人とも話し合って、今日ここにきたんです」

Kさんが私にすがりつくような視線になると、曾祖母霊の霊聴があった。

「先生、実は曾孫夫婦は、先生に霊感透視をしていただいて、男の子だったら産もう、女の子だったら堕ろそうとしているのでございます。でもいま、宿っているのは女の子なのです。ですから先生、ぜひ嘘をついてやってください。男の子だから産めとおっしゃってください。お願いでございます」

というのである。

私は、はたと困ってしまった。

私が男の子だと言って、この夫婦がそれを信じて、赤ちゃんを産んだとする。そのときのショックの大きさはいかばかりか、私に対してもなんと思うであろうか。

私はあれこれ考えると気も重く、うらめしくなった。ところがどうだろう、Kさんが、そのとき、思いもかけず、こう言ったのである。

「先生、いま先生のお顔を見ていたら、迷わずお腹の子を産む決心がつきました。男の子でも女の子でもかまいません。先生の苦しそうなお顔を見ていたら、このことで先生を困らせるのは、私たちにとっても心苦しいことです。堕胎などせず、子供を産みます」

私はKさんの顔つきを見てホッとした。たしかに、私は先祖霊の霊聴を聞いた。自分自身では表情に出したつもりはないのだが、それがKさんには、はっきりとなにかわかったのであろう。きっと、あの善良なる先祖霊が、いわば私の肉体を借りて、Kさんにぜひ産めと伝えたものに違いない。私は、その媒体になったわけなのだろう。

こうして万事うまくいって、その日一日は、気も晴れればれと充実し、清明な気分だったことを覚えている。

私のような術師が、万能で、思うがままに霊幽界をあやつっているわけではけっしてない。霊幽界と現界とのさまざまなかかわりのなか、そのもつれて業《ごう》となっていく関係を、交霊によって若干ほぐし、あるいはつなぎ、またその双方の取りつぎ役を私のようなものがおおせつかっているのである。

水子霊に崇られた少年に授けた私の秘法

小学校の三、四年生であろうか、まだ幼なさの残る男の子をつれた母親が、拙宅を訪ねてこられた。

母親は三十代半ばすぎ、といった年ごろ、なかなか落ち着いたものごしだが、それにひきかえ、子どものほうはキョロキョロ、ソワソワとまったく落ち着きがない。集中力のない子である。

「実は、ご覧のとおり、この子は家でも学校でも落ち着きがなくて……」

と、母親はため息をつく。

それだけ聞いて、さっそく霊感透視に入った。案の定、おきまりの水子霊のしわざであった。

霊界のどなたかが、いやがるのを無理やりさし向けられたのだろう、むくれっ面をした水子霊が、私の霊視の視野に浮かんできた。

なんと、するどい目つきで母親を睨《にら》みつけているではないか。私の直感では、二十年ほど以前の堕胎児である。だから、かなりの経験と知識、それに大人びた感情もそなえているように見える。

——あなたが結婚前に堕《お》ろした児ですね？

いきなり私がこう言ったものだから、母親はビックリして、

「ええっ、どういうことでしょう？」

と目をみはる。

——いや、これは私の言い方が舌足らずで悪かった。つまり、娘の時代に妊娠した児を堕ろした経験がおありでしょう。

「…………」

母親はうつむいて、それでも弱々しげにうなずく。

私は、そのときの水子霊が親を恨《うら》むあまり、後に生まれてきたこの少年に取《と》り憑《つ》いていること、このままでは集中力の散漫さはいつまでもつづくこと、また、この少年の言葉づかい、態度や行動が同級生や近所の子どもたちにからかわれ、いじめられつづけること、などを説明し、さらに霊視を継続した。

すると、数人の同級生と一緒に下校する少年の姿が浮かぶ。道幅は六メートルぐらいだろうか。その少年たちのうしろを、ゆるい速度で軽トラックが走っているが、突然、家の角から自転車が飛び出してくる。驚いた軽トラックの運転手が、それを避けようとハンドルを切ったため、こんどは下校中の少年たちに急接近する。と、問題の少年の隣にいた同

級生の一人が、

「ホラ、死ねッ」

と少年を突き倒し、自分は二、三歩ジャンプして身をよける……。

こんな情景が瞬時にして見え、そして、たちまち消えてしまったのである。

私は、霊視をありのままに告げ、ついでにこの時の少年は手にいろいろな品物を持っているように見受けられた、と教えた。

涙を浮かべながら、じっと聞いていた母親は、

「品物をいっぱいに持っているとすれば、近く始まる夏休みに入る前日の姿かもしれませんね」

なるほど、と思った私が、

――そんなひどいことになるのを防ぐためには、こうしたらどうでしょう。

と言いかけたとたん、その水子霊が、ものすごい形相《ぎょうそう》で私にとびかかろうとした。

だが、なにかの強い霊力にしばられたのか、身動きできずにもがいている。私は、その姿を注意深く眺めながら、水子霊による自動車事故という災厄《さいやく》の避けかたを次のように教えた。
①問題の日には下校時に校門で待ち受け、少年と合流し、常に離れることなく背後にぴったりついて歩くこと。

②その際、線香を十本余り用意し、一本を三本に折って火をつけて手に持つ。線香が燃えて指が熱くなりはじめたら捨てて新しい線香に火をつける。これを切れ目なくくり返すこと。

③これをやりながら念詞《ねんし》を唱えつづける。

母親にこう語りかけ、念詞の言葉を伝えたとたん、水子霊がもう一度激しく突っかかろうと身がまえたので、間髪をいれず鋭い気合をかけると、その瞬間、霊は消えてしまった。私は母親にむかって、さらに言葉をつづけた。

——でも、さっき申しあげた線香と念詞だけでは、こちらが一方的に水子霊のタタリを防ぐだけで、水子霊に喜びをあたえ悟《さと》りに導くこと、つまり浄化にはつながりません。

頬を紅潮させて聞いていた母親は、「では供養を……」と言う。

——いや、霊供養の必要も多分にあります。しかし最もだいじなことは、そこにいらっしゃるお子さんと同じように扱ってあげることです。食事のときは陰膳《かげぜん》の形をとって、水子霊といっしょに食事しているのだと心がけること、お菓子類も同様にあたえることです。お子さんに衣服などを買い求めるときも、お母さんは心のなかで水子霊のことを考えてあげるのです。

後日、私が聞いたところによると、夏休みの前日、まったく私が言ったとおりのことが起こったそうである。

つまり警戒していた道路で、背後からトラックが迫ってきた。とたんに横道から女子高生が乗った自転車が飛び出てきたという。真っ青になった母親は、思わず大声で「自転車、自動車、とまってくださいッ」と叫んだそうである。

幸い事故は防げたが、急停止した自転車の女子高生は、うさんくさそうに母親を睨みつけて走り去ったという。

水子霊と動物霊がその結婚を悲劇にした

人生にはさまざまな節目があるが、その最大のものは、やはり結婚であろう。結婚は人生の墓場だといった人もいるが、相手によって、墓場にも楽園にもなる。私のところにも結婚についての相談が数多くくるのは、それが一生の問題で、人生の大事な決断を迫られる事柄であるからだろう。当人だけでなく、親御さんも熱心である。

ある日、「息子が恋愛中で、その相手とどうしても結婚したいというので、相性などを視《み》てほしい」といって、その両親が私のところに相談にきた。

両親が私の家の玄関に入ったとたん、なにかいやーな雰囲気になった。私は直感的に、ああ、この結婚話はダメだなと思った。それほどすばやく、強烈に、不吉な霊の反応が感じられたのである。それで、相談の冒頭、「この場合、結婚しても、やがて変なことになりますよ」と率直に申し上げた。

両親はいぶかしげな顔をして、変なこととはどんなことかと私に尋ねる。親としては当然である。「たとえば、息子さんがほかに女をつくって、家族を捨てて家出するとか」と、私が例をあげたとたん、私の話をさえぎり、真っ赤になって怒りだした。

「いや、そんなことはありません！　実は、あなたに視てもらう前に、ある拝み屋さんに視てもらったんです。そうしたら、この結婚はよい！　鉦《かね》や太鼓で探してもない、相性のいいカップルだと言いましたよ！」

とたいへんな剣幕である。それならなにも私に相談することはないではないか、とも思うが、結婚のような重大な選択や決定をするときは、一人では安心できず、何人にも相談したくたるのが人情だ。

しかし、こう興奮されては、冷静な話し合いができない。私は胸中、「だれですか、この結婚はだめだと私に言わせたのは。相談者はこんなに怒ってしまい、それに、この世界では先輩格になるであろう、その拝み屋さんの言うことが本当なら、私はインチキ扱いをされかねない」と、うらんだものである。

このご両親は、可愛い息子のために、この結婚を望んでいるのだろう。そして、拝み屋さんも太鼓判を押している。念のため、私のところにきて、「いい相性です」と言ってもらいたかったに違いない。ところが意外な答に、逆上してしまったのであろう。

私もこれ以上、相手を刺激することはさけ、ある〝状態〟を説明することにした。

——実は、こういう仕組みになっているんですよ。これは話を伺う前、あなたが家に入ってこられたときから、この縁談には、水子の霊がつきまとっているのが感じられたんです。あなた方にも、相手方のほうにも、ヤミからヤミに葬った霊がある。その両方の水子霊が、どういうわけか仲よしになって、握手をしている。拝み屋さんが、このカップルは相性がいいと言ったのは、そのことをおっしゃっているのではないでしょうか。

そう言うと、相手も、「なるほど、それならわかります」という。でもそれ以上のことは、相手も聞くという雰囲気ではないので、あとは世間話などをして、早々にお引きとり願った。その客も、不愉快であったのか、礼の言葉もそこそこに帰っていった。

水子霊同士が仲よくなった男女の仲は、いただけない。それに、このケースの場合、水子霊の背後にいる霊が気にかかる。要するに、なんでも酷使しようとするたちの悪い背後霊が憑いている。私が感じたのは、金銭欲と強い放浪性を持った霊である。とすると金銭面で、親兄弟ばかりか、他人にまで迷惑をかけ、とどのつまり、夫婦で家出か、あるいは夫だけが蒸発騒ぎを起こすようなことになるのではないか——。私はそう思って、最初からダメと切り口上は言わず、「変なことになりますよ」とやんわり言ってわかってもらおうとしたわけである。それでも、いま述べてきたような次第になって、私も後味の悪い思いがした。こういうケースはさっさと忘れること。これが私の信条である。

ところが、一年もたったころだろうか、この両親が私の目の前に現われたのである。といっても私の家を訪ねてきたのではない。何げなくスイッチを入れたテレビに、その両親が大きく映っていたのである。それは某テレビ局の、家出人探しの番組である。驚いたことに、その両親は家出した息子に向かって、戻ってこいと呼びかけているではないか。

私は、オヤオヤと思いつつ、興味深く見ていると、当の息子が、サラ金業者から多額の金を借り、その穴うめに、親類や知人からさらに金を借りるはめになり、それでも借金の返済ができず、蒸発したのだという。両親は、悲痛な表情で、嫁も待っているという話をしていたから、やはり結婚はしたようだ。

「ぜひ、姿を現わしてくれ」と呼びかける両親を見てなんとも気の毒になったが、私は直感的に「これは、出てこないな」と思った。それでもなにか手がかりでもつかめるかと思って最後まで見ていたが、やはりだめだった。

私のたとえ話を、この両親は最後まで聞かなかったので、金銭欲や放浪性の背後霊の話は知らないのだが、現実に〝変なこと〟が起こってしまったのをどう感じただろうか。

「私の忠告を聞かず、案の定こんな結末になったではないか」などと言うつもりはない。

このときは、それだけ水子霊同士の、仲よくなりたいという霊力が強かったのだろう。私との縁がなかったのだということしかない。

あなたは、この両親が気の毒だと思うなら、息子さんを呼び戻してあげたらどうかと思うだろう。私もそうしてあげたいのはやまやまだが、私にはそんな力はない。それほど霊界の仕組みは強く、水子の霊は恐ろしい。

この項の話としては、親に殺された水子たちの怨念は、想像以上に強く、現界の肉体人間は、この水子霊にあやつられていることを知っておいてほしいということである。

結婚話のついでに、もう一つ、今度は動物霊が憑いた例を紹介しておこう。

前のケースは、息子が熱心に結婚を望み、親がその希望を叶えてやろうというものだったが、今度のケースは、父親が近所の娘を息子の嫁にしたいと熱心なのである。

まず、父親がその娘を見初《みそ》めた。近所づき合いもあるので、もともと知り合いである。やがて、息子と娘の結婚を前提に両家の家族同士が交際するようになった。

ところが、問題はその息子のほうである。肝心の息子が結婚に同意しないのだ。これでは話が進まない。父親が困りきって私のところに相談にきた。

霊査してみると、その霊因が、当人には悪いが実に面白い。相手の娘に、かなり古い時代の蛇霊が憑依しているのである。娘のほうの家が、あるお寺の境内《けいだい》にあり、彼女はその家で生まれたのだが、たぶん生まれると同時に、この娘に憑いたのであろう。

その蛇霊は娘に憑いて肉体をほしいままにし、自分の思いをとげようとしてこれまでやってきたのだが、どうやら、「娘ではだめだ、思いをとげることができない」と考え、憑依の相手を替えようとした。その白羽の矢に当たったのが、息子のほうの父親だったのである。

父親が、知り合いの娘を息子の嫁にと思いつめるようになったのは、蛇霊の働きなのである。そこまでは、蛇霊の思いもうまくいった。

ところが息子のほうには守護霊(先祖の)が憑いており、蛇霊の侵入を防ごうとしているのである。これがなかなか強力で蛇霊もそれをつき崩せない。この霊の世界での出来事を父親に説明すると、彼もなるほどとうなずき、「じゃ、どうしたらよいのか」という。父親はあくまで結婚をまとめたいのである。もちろん霊の指示であろう。

以下は、父親の問いに対する私の答えである。

――あなたが思うほど、この娘は上出来じゃないですよ。躾《しつけ》もよくないし、短気で持続性が乏しく、感情の起伏も激しい。

ここまで聞いて、父親も、思い当たることがあったのだろう。

「言われてみればそのとおりだ。なんでオレがあの娘に引っかかったのかわからん」

――いや、それればかりではない。こんな状態を続けていると、あなたと娘の母親とが変な具合になりますよ。

「いや実は、肉体関係にまではいっていないが、同病相憐《どうびょうあいあわ》れむというか、気持ちのうえでは、お互いたいへん親密になっている……」

——あぶない、あぶない。この母親は、自分の主人の甲斐性《かいしょう》のなさに愛想をつかしているから、このままいくと、たいへんなことになりますよ。

「いったい、この母親にはなにが憑いているんだろう」

——なにせ、家が寺の境内にあるから、参詣人が多い。いろいろな人がくる。だから、特定の霊ではなく、いろんな人の霊と感応《かんのう》している。そのため、感情の起伏が激しい。カッとなったら抑えがきかず、親密になったあなたのことを全部ばらしてしまう恐れがある。

父親は頭をかかえ込んでしまった。

「その蛇霊は、いったいなにを望んでいるんですか」

——その霊は神になりたいんですよ。だが、真の神にはなれっこない。蛇霊もそのことは知っていて、序列の低い世間一般でいう〝神さん〟程度のものなんだが……。で、最初、娘に憑いたんだが娘ではだめだというので、あなたに憑いた。あなたは、ある宗教団体に入っているでしょう。蛇霊は、そこの眷族《けんぞく》として祀《まつ》ってほしかったんですよ。

「フーン、なるほど」

——この霊は、気が変わるのも早くてね。あなたでもだめだと見て、今度は手を変えて、あなたを使って私に相談しにくるようにしたんだ。要するに私のところに〝神さん〟にしてほしいと言いにきているんです。この蛇霊の最後の要求は、神木《しんぼく》ですよ。

「神木？」

——ええ、どこかの山からでいい、適当な寸法の檜《ひのき》か杉を掘り起こしてきて、娘さんの住居がある寺の境内のどこかにそれを植樹し、その根元に小さな、そうですね、高さ三十センチぐらいのお社《やしろ》をこしらえて、なかに水晶球《すいしょう》を安置する。それでおしまいです。

「それで勝手に、自分で入魂《にゅうこん》するのですか」

——そう言っていますね。

「そうしておけば、多くの参詣人がくるから、なかには、なにかの神さんかと思って、お賽銭《さいせん》をあげたり、お参りする人もいますよね。それを待っているんですね」

——そのとおりです。

「もしそうしないと、どうなるんでしょう」

——今度は、娘の母親に乗り移って、母親の口からあなたのことを、あることないことばらしたり、あなたと性関係を結んで、それをネタにおどかしたりするでしょう。

そこまで言うと、この父親も納得したようであった。

仇敵同士の先祖霊を持つ男女の不幸な結婚

嫁が、この家へ入ってきてからどうも家族の間がギクシャクして、うまくいかない。そのうえ、外部からは、かんばしくない問題が次つぎに持ちこまれて、それがみんな家族にとって災いになってしまう。それにしても、嫁の態度は横着《おうちゃく》きわまって、まったくシャクにさわる……。

こういう愚痴《ぐち》から、この項の話は始まるのである。

私は、ズバリと言いきった。

――そりゃ、そうでしょうな。ご先祖さまは仇同士だし、それもお嫁さんの先祖さんは、あなたの先祖に無実の罪をかぶせられ、処刑されてしまったのですからね。

「ほほう、聞きずてならんことを言われましたね。どこの占い師にみてもらっても、私のところは家柄はいいし、格式も高い、と認めてくれますよ。昔は、お殿さまと呼ばれていたそうだし、系図を見ても歴史上に名の残っている人物が多いのですがねえ」

歯に衣きせずにズケズケ言ったので、だいぶおかんむりのようである。

――まあ、いちおう聞いてください。なるほど、間違いなく、あなたのご先祖は大名で殿さまでしょう。だけど、大名だから人間として偉くて、善人だった、とはけっして言えませんよ。私が視《み》たところ、何代か前のあなたのご先祖のお殿さまは、たぶん政治的な必要があったのでしょうが、でっちあげた無実の罪で、ご家来を断罪していますよ。霊視によると、たぶん、五代前のご先祖ですね。恨みをのんで処刑された家来の子孫が、あのお嫁さんにあたるわけです。

「なるほど、よく調べないとわかりませんが、ありうるような話ですな。しかし、そういう恨みを持った仇同士の子孫なら、反撥《はんぱつ》こそしても、ひかれ合って結婚するなんて、およそ、ありえないでしょうに……」

もっともな疑問である。だが、この世の中、なまなかな常識だけでは割り切れるものではない。私としては、そのあたりの事情を、なんとかわかってもらえるように説明せざるをえない。

——どなたも、ご先祖さまが、かわいい子孫を泣かすようなことをするわけがない、と考えられます。それはそれで、ある意味では正しい。だが、そのご先祖さまそのものが、昔、他人に無実の罪を着せて処刑してしまい、死後の世界、つまり霊幽界でその罪業《ざいごう》を責められているとしたらどうですか。しかも、罪を着せられ斬首《ざんしゅ》された人物の恨みつらみが解消していないとすれば、どうなります。首を斬られた本人だけじゃなく、その家族たちの嘆《なげ》きはどうなるでしょう。そういう恨みや悲しみを、あなたのご先祖はもろにかぶっておられます。幽界とか霊界では、生前の罪業は自ら浄《きよ》めなければならないという、きびしい掟《おきて》があって、かならずその浄化を迫られます。善にも悪にも、霊界で動きがあれば、それはかならず現界の子孫にも連動するのは無視できぬ事実です。因縁《いんねん》が作用した因果《いんが》というべきか、ご先祖が子孫に悪いようなことはしないかとか、子孫を泣かせたりしないということは、かならずしもあたりません。先祖がおやりになった悪行《あくぎょう》の報《むく》いを子孫が償う、ということだって、しばしばあることなのですよ。

「なるほど、そうだとすれば、私はどうすればよいのでしょう?」

——時間がかかると思いますよ。

「いろいろと、供養をする必要があるということですか」

——はい、供養も必要でしょう。ですが、特にだいじなことは、ご家族全員がお嫁さんにたいし、その態度・言語に毅然《きぜん》としたものをくずさないこと、同時に誠意のある温かい態度で接することを忘れてはいけません。氏神さまや信仰なさっている神社へ参拝なさる場合は、特に五代前の先祖さんの〝救いあげ〟、つまり霊の浄化をお願いすることが必要だと思います。こうした因縁がからんでいる場合、供養するとか、しなさいとか、世間ではいろいろ言いますが、腹が痛くて苦しんでいる人に向かって、やれ飯をくえ、酒を飲め、と迫ってもどうにもならんでしょう。供養の強制より、お嫁さんの態度の原因がわかったいまとなっては、あなた方が罪ほろぼしの心を、まず体で示さなくては。

「どのくらいの時間をかければ、もつれた因果関係が解《と》けるものでしょう」

――みなさん、すぐそういう質問をなさいますが、罪ほろぼしというものは、肉体のある限り、一生つづけるべきものですよ。人間、死ぬまでが修行の場と覚悟すべきではないでしょうか。

九十九里をもって百里の道の半ばとする、結論はそんなことになってしまった。

色情因縁霊によって男狂いにされた美少女

霊の因縁とは不思議なものである。なにやら霊のとりもつ縁で、現実界の人間同士が親交を結ぶことがある。私も何人かそういう人と親しくおつき合いをしているが、その一つのケースに興味ぶかいものがある。

話は二十年余り前にさかのぼる。

ある日の朝、といってもすでに昼近くになって起きだした。前の日、明け方まで仕事をしていたので、つい起きるのが遅くなったのである。

ようやく目覚めも近く、夢からうつつかの境目であったのだろう。うつらうつらしていると、突然、くぐもった男のダミ声が聞こえてきた。

「そろそろこいつの肉体を使うのもあきたから、別のやつを探すつもりで、いろいろ気を配っているが、これはと思うようなやつはすでにほかの連中がのさばっていて、オレの思うようにならん。それに、近ごろ、こいつの両親がようやくオレの存在に気がついて、タタリじゃ、サワリじゃといって騒ぎだし、われらの大敵である拝み屋とか祈祷師とかを走りまわっていてなおさら危険だ」

おぼろげながら、そんな声が聞こえてきた。言うまでもなく霊聴である。最初、私はわが親父の霊声かと思った。よくよく考えてみると、そうではなさそうだ。両親のやつらとか、これはと思うやつとか、いまの私にはなんの関係もないことを言うので、「ああ、これは自分のことではないな」と覚《さと》った。

いずれにしろ、これまでの経験から、朝、霊聴があると、かならずその霊に関係する人が訪ねてくる。今日もたぶん、だれかくるだろうと思っていると、午後になって五十歳がらみの夫婦がやってきた。「けさの霊因にでてきた両親だな」と直感したが、果たしてそうであった。娘さんも一緒である。

「親の私どもが言うのも、まことに恥ずかしく、穴があったら入りたいのですか。実は、この娘が……。やっと十七歳になったばかりなんですが……」

といったきり重い口を開かない。やがて父親と母親が、かわるがわる話した娘の行状《ぎようじよう》をまとめると、次のような具合なのである。

十七歳の女性は、この夫婦の一人娘なのだか、十六歳の夏ごろから、男関係ができた。それも、単なる話し友だちではなく、歴然とした肉体関係である。親が気がついただけでも八人もおり、まだ二、三人は隠しているようだという。その相手の年齢も、十六歳から五十歳と幅広いのに驚いた。去年の夏からは一年の間に二度も妊娠し、二回とも堕ろした経験があると聞いてどうしてよいかわからずにいる。

見ると、その娘は、もの静かな美少女なのである。事柄から判断すると、いかにもはすっぱで、遊び歩く非行少女の典型のように思われるかもしれないが、事実はまったく違うのである。自ら求めて男あさりをしているのではなく、強姦されたり、騙《だま》されたり、脅かされたりして、性的関係を結んでしまった――と告白したという両親の話だが、あるいはそうかも知れぬと悪わせる風情《ふぜい》がある。

「もし、娘が遊び歩いて男と関係しているというのなら、それ自体困ったことではありますが、それならこれは娘の責任、私もわが子の不始末と思って、親としてできることがあればなんでもするつもりなんですが、どうも関係の仕方が異常です。これは、絶対なにかの因縁だと思いました。あちこちの拝み屋さんや霊媒師に見てもらったり、いろいろなことをやってみたんですが……。でも、さっぱり効果がないのです」

私にはピンとくるところがあったが、黙っていた。

——いろいろなことって、どんなことをおやりになったのですか？

「はい。墓を建てなおしたり、仏壇を新しくしたり、ある霊場に百日参りをしたり、滝行もさせたりしてみました。人が、これがいいというのを聞けば、ワラにもすがる思いで、ある宗教のご本尊様を祀ったりもしたんですが、まったく効き目がないんです」

——つまり、先祖の因縁が霊障害になっているということですね。

「はい。先祖さんに色情の因縁のお方がいるとか、色情の動物霊が憑いているといわれまして」

私は話を聞いてみて、やはりどれもこれも見当違いな指示を受けているなと思った。つまり、いろんな霊法をやっても効果がないこと、両親や娘は、こうした状況から脱出したいと必死になっているから、この親娘の念力が不足しているのではないこと、などを考え合わせると、夫婦は明らかに筋違いの教示を受け、忠実に実行しているのである。

私は、そこで、起きがけに聞いた霊声の話をこの親娘にしたのである。

「そうすると、いったいどうしたらよいのでしょうか」

と半信半疑で父親が聞く。

——こうした霊の場合、一般的には除霊をすれば、娘さんから離れていきます。

というと、両親は、また拝んだり、いろいろ供養させられたりするのかというような絶望的な表情になった。おそらくこれまで金もずいぶんつぎ込んできたのだろう。また同じことをさせられたうえ、金もとられるのかと思うと、もう神も仏もない、という気になるのもわからなくはない。私も気の毒になった。その気持ちがわかって私は話をつづけた。

――いや、除霊といっても、拝んだり、祀ったり、あるいは供養したりしなくてもいいんです。

「えっ！」といってこの親娘は、急に身を乗りだしてきた。目をまるめて私を見つめている。

「実は、拝んだり、供養したりするのはもうこりごりで、念仏やお題目を耳にするだけでも、吐き気がするほどの毎日なんです。ああそうですか、それは必要ないんですか」

といって、私の手を握りしめている。よほど、過去に懲《こ》りたのであろう。顔の表情もみるみる明るくなっていくのがわかった。

――いままで、たいへん苦しまれたようですね。私も除霊法がいいとは申しましたが、いまのあなた方には、その必要もないようですよ。けさの霊聴にあったように、あなた方がいままであれこれやってこられたのは、効果こそなかったのですが、霊がうっとうしがっているのは事実なんです。

これから先、本格的な除霊をやられるのではないかと思って、色情の因縁霊は、もはや娘さんから離れようとしているんです。そんなときはむしろ、そっとしておいて、自然に霊が去るのを待っていたほうがいい。

これからは、男などにおかしなことをされてたまるかという気で頑張れば、ことが足りるはずです。なまじっか生兵法《なまびょうほう》的な霊術をやって、霊を呼び戻したりするとまた困りものですよ。

そう伝えると、この親娘は、よくわかりましたといって、喜んで帰っていった。

結果は、私の霊言が正しかったことを知った。その後、この親娘が、「先生のおっしゃったとおり、娘はその後、悪い男との縁が切れました。本当にありがとうございました」といって、お礼を述べに拙宅を訪ねてきてくれたからである。

それ以来、冒頭で述べたように、家族ぐるみで親しく交際するようになり、いまもそれはつづいている。

しつこい色情因縁霊のなかにも、こうした〝おこり〟の落ちるように、ある日突然消え去っていくものもある。

義父に犯された若妻、背筋も凍るお百度参り

それは、早朝、京都のある有名な神社の境内《けいだい》で起こった。名前を明かせば、まず誰でも知っている神社である。

いわゆる「お百度参り」なのであろう、一人のうら若い女性が、小声で一心に般若心経を唱えながら神殿と鳥居の間をくり返し往復しているのだが、寒気のためか、顔面蒼白で、体をふるわせている。

どこで聞いたのか、誰が教えたのか、とんでもない無理なことを……と立ちどまって、まじまじと眺めているうち、はっと気がついた。

なんと、その女性はまちがいなく妊娠中なのである。子洪を堕ろしたい一心から出た所作なのか。

履物をぬぎ、大地を踏む素足は紫色に腫《は》れあがり、唇からはよだれを垂《た》らして、この世のものとも思えぬ形相《ぎょうそう》。気味悪く、恐ろしい姿である。

チラホラと姿を見せる参拝客も、立ちどまったり、遠回りしたり、一種、表現のしようもない無気味な雰囲気である。と、顔見知りの神主さんが、私の姿に気づいて寄ってきた。

「いや、これは皆本先生、おはようございます。朝早くからご参拝で……」

――これはこれは、おはようございます。早朝のご神気をいただこうと思いまして……。

「いつもながら、ご信心深いことで……」

二人とも、例の女性を見守りながらの挨拶の交換である。

――あの女の方、毎朝ですか？

と、これは私の質問。

「ええ、そのとおりですが、このごろは時おり深夜もやっておられるのではないかと、宿直の者が噂《うわさ》しています」

――ほう、夜ふけも……。

「ええ、そらそこに池がありますね。腰ぐらいの深さしかありませんが、夜はこの寒さなのに、水垢離《みずごり》のつもりなのでしょう、池に入っているようだ、という話なんで、実はわれわれも心配しているんですよ」

これを聞いて、私はますます驚いた。

――なんという無茶なことを！　あの女性は妊娠しているというのに。私の直感ですが、あの人は、子どもを堕ろそうとして、ああしたことをやってるんじゃないですかね。

神主さんは「ウーン」と言ったきり、声もない。それはそうだろう。普通の体でさえ無理な〝行《ぎょう》〟をやっているのに、妊娠中だとしたら、とんでもない。まして、夜半の凍るような池に入って事故にでもつながれば、神社としても困ってしまう。

うそ寒い気持ちでその女性を見つめているうち、その女性の背後の状態が視《み》えはじめ、一霊の人物が私に話しかけてきた。必死の顔つきである。

「そこのお方！　あなたにはおわかりでしょう。ぜひとも、こういうバカなことをやめさせてください。この娘は思いつめていて、いくら引きとめても、私の手にはおえないのです」

——ああ、これじゃ、体がまいってしまいますよね。

と私は口早に答える。

「本人は、これで自分が倒れ、死んでしまえれば、なにもかもうまく解決する、と思い込んでいるのです。うまくいって、お腹の子どもが堕りてくれれば、自分も助かることができる、と考えています……」

じっと聞いていると、だんだん事情がわかってきた。

この女性は、一年半前に結婚した。ところが、ご主人の職業がらで夜間勤務が多く、新妻はいきおい、夫の両親と夜をすごすことが多い毎日となった。そのうち、不運なできごとへと発展してしまう。夫の父、つまり義父に無理やり押さえ込まれ、何度か関係を持ったところで、妊娠の兆侯《ちょうこう》がでてしまった。

さんざん悩み、苦しみ、指折り日数をかぞえてみたが、若妻の彼女には、どう考えても義父の種による妊娠としか思えない。こうして、半狂乱の神詣でになってしまった、とその霊人は言う。

「ところが、それはこの女性の誤解で、まちがいなく、この女性の夫の子なのです。それを知らせようと頑張っているのですが、私どもの力が乏しく、どうしてもわかってくれません。ぜひ、あなたから言い聞かせてやっていただけませんか……」

その霊と、実際には無言のままのやりとりを交わしているうち、フッと、女神としか表現できぬ神の姿が視《み》え、その女神が問題の女性になにかやさしく取りなしているようすが映った。

とたんに、その女性は、「ああっ」と悲痛な声をあげると、頭をかかえて、その場に泣きくずれてしまったのである。

やや間をおいて、私はその女性に話しかけていた。

「そういうわけで、いま、あなたのお腹にいるのは、まちがいなく、あなたのご主人のお子さんです。思い違いをなさって、こんなことをつづけていると、とんでもないことになりますよ。あなたのお義父《とう》さんも後悔なさって、あなたたちとは別居なさるおつもりのようですから、これからはなにごともうまくいきます。どうか短気をおこさないで……」

それからずいぶん月日がたったあと、ふたたびあのときの神主さんと顔を合わせた。

「いやあ、あのご婦人、あれ以来、顔つきも晴ればれされましてな、うちの神社の講中《こうちゅう》に入られて信仰されていますよ。皆本先生にはあらためて一度、お目にかかりたいと言っておられます。とにかく、あのあとから、生き生きした人生を送れてよかった、と言っています。あのときのお子さんも、無事に出産されて、元気な男の児として育っておられるようですよ……」

嫁と姑の同性愛、色情因縁の恐ろしさ

前にも述べたように、なんでもかんでも、霊のサワリだ、タタリだ、と言いきる見方を、実のところ私は取らないのである。なにごとかがあって、そのことについての霊査を頼まれても、なにも霊的なものが視《み》えも聞こえもしないことがある。

ここで取りあげる実話も、そういうことの一例である。

同じ信仰仲間の紹介で、一人の老女が私の家へやってきた。

「嫁が憎くてしかたがない」

と、おっしゃる。

「なんとか仲よくしなければ、世間さまにもみっともないと思って努力するのですが、努力すればするほど自分がみじめに思えて、ますます嫁が憎くなる」

なるほど、それじゃあ、よほど出来が悪くて、欠点だらけの嫁さんなのか、と思って尋ねてみると、意外や意外、けっしてそうではない、という。

「よく出来た嫁です。けれども憎い」

ということなのである。

なぜそうなのか、原因を霊査してほしい、というのが来訪の目的である。だが、どうにも気がすすまない。初対面で、これまで縁もゆかりもない人なのだが、私にはなんとなくなじめない感じを禁じえない人物なのだ。

対談中も時おり虫酸《むしず》が走るような思いがして、嫌悪感は抑えがたい。これじゃ、霊査など、たとえどんなに頼まれてもやる気になれない。

しかたないので、私はその老女に向かって、問題なのは霊的なことではなく、あなたの性格なんじゃないか、と言ったのである。言ってしまったあと、初対面の人なのに、えらい無礼なことを口走った、と後悔したのだが、相手は素直にうなずいて、「自分もそうではないかと常日ごろ考えており、そんな自分の性格がイヤでたまらない」とおっしゃる。

これはこれは、とホッとしながら、いろいろ話し合った結果、とにかく「お嫁さんを、なめるようにかわいがる」ということに落ち着いた。

その老女も希望が持てたのか、おだやかな表情で帰っていかれた。まずまず、よかったわい、とは思いながらも、どうも、後味の悪い感じがぬぐいきれない。無責任だとののしられようと、どうにも、この老女とは波長が合わないのである。「あれじゃ、霊査とか霊感だとかいっても、とても私には無理だよな」などと自己弁護で、自分で自分を慰めているところへ、ひょっこり、あの老女を紹介した知人がやってきた。声をひそめて言うことには、

「あまり大きな声じゃ言えないことですが、なにしろ先生がそうしろとおっしゃったから、とあの婆さん、頑張ってるんです」

なんのことだかわからず、キョトンとしていると、「嫁さんを、なめるようにかわいがれ、とおっしゃったことです。そうすれば、姑と嫁の間がうまくいくという話をされたでしょう」

たしかに、私はそう言った。

ところが、あの日、帰宅した老女は、ちょうど入浴時だったので、嫁といっしょに入浴し、背中は流す、手足は洗ってやる、大事なところも磨いてやる——からはじまり、炊事、洗濯も一手に引き受けだしたのだ、というのである。そこまで聞いて、私も少々、気になりだした。

——それで、いったいどうなっているんですか?

あきれたことに、嫁と姑が息子をはさんで川の字になって寝るのは当然のこととなり、息子が出勤したあと、姑と嫁が抱き合って、あろうことか、のたうち回っているという。姑と嫁とがレズビアンである。これほどびっくりしたこともない。が、私は恐るおそる、尋ねてみた。

——姑さんが挑んでくるのにたいして、嫁さんは拒否しないのですか？　嫌悪感を持たないのでしょうか？

なんと、私の期待に反して、

「そんなこと、まったくないそうですよ。嫁さんも喜んで応じているそうです」

じっくり調べてみると、この老女には、もともとそういう色情因縁の素質があったのである。気はすすまなかったが、責任のあることなので霊感透視をやってみると、老女は若いころ、同性の女たちと例の特異な性的遊びにふけっていたことがわかった。ところが、結婚し、やがて息子が成長して嫁さんを迎えて以来、若いころの自分の性癖を自ら抑え込もうと努力していた。それが、気持ちのなかで積み重なり、嫁さん憎し、という形で発現していた。

ところが、「なめるように、かわいがる」と約束したとたん、心の奥で抑え込んでいた昔のたのしみ、彼女自身の性格にもとづく例の性的たのしみが一気に解放されてしまったのである。たまたま、嫁さんのほうも、そういう素質の持ち主だったから、これはもう、たまったものではない。

霊因を探る、とかなんとか、ごたいそうな問題ではなく、持って生まれた性格によるものなのである。自分の魂、つまり、あえて造語すれば「自我霊」のなせるわざで、これはどうしようもない。死なななきゃ治らない――いや、死んでも治らないのが、生まれついての性格・性質というものではなかろうか。自我霊（自分の魂）が、そのまま霊幽界での生活につながってしまうのだから、現界での〝魂磨《たまみが》き〟が、いかに大切かということであろう。世の中、性の自由となんとか、その実はどうも性の歪《ゆが》みとしか思えないものごとがふえているが、これにはまことにびっくりした。霊幽界にも、現界の時代状況は反映するのだろうか。

因縁の伯父と姪を待っていたのは性の泥沼

初老の男と二十歳《はたち》そこその娘――親と子ほども年齢の違う二人連れのご来訪である。目的は、一言でいえばその娘さんの将来を視《み》てほしい、ということなのだが、男のほうは異常なくらい熱心で、なんだかんだと、娘さんの世話をやく。

このご両人は、すでに性的関係ができており、初老の男のほうは、なんとしてでも娘さんを手放したくないため、なりふりかまわず……といった形なのである。

もう少しくわしく説明すると、その娘さんの母親は、初老の男の妹なのである。つまり、伯父《おじ》と姪《めい》なのだ。地方からでてきて伯父の家に寄宿し、大学生活を送っているうちに、性的交渉が成立したわけだ。

卒業の時期をひかえ、田舎の実家から縁談がいくつも持ち込まれてくるが、そのたびごとに問題の伯父さんが難くせをつけて縁談を蹴とばしているらしい。

理屈と膏薬《こうやく》はなんにでもくっつく、というわけだが、伯父さんの言いぶんによれば、こうなるのである。

――四年もの間、自分の娘のように面倒をみてきたのだから、この娘の結婚相手は、その伯父さん自身がさがしてきて決めたい。ただし、かわいくて愛着を持っているので、これから先、四年か五年は自由に遊ばせてやりたい。結婚などという牢獄へ、あわてて飛び込ませるなんてことはしたくない――。

おやおや、と思いながら、それじゃ、娘さんの気持ちはどうなのか、と尋ねると、少しばかり意地の悪い表情で薄笑いを浮かべながら、

「私はどちでもいいのです。相手さえよければ結婚してもかまわないし、いい人が見

つからなければ、いまのまましばらく遊んでいても……」と、こうである。とたんに、伯父さまは、ありありと苦渋《くじゅう》の表情を浮かべるのだから、いささか滑稽《こっけい》である。

したたかなのは、娘さんである。言葉やさりげない表情で、初老の伯父さまを思いのままに翻弄《ほんろう》し、いじめるのだ。意地悪く、妖婦のような雰囲気をただよわせながら、みごとな演技で伯父上をチクチクと刺すわけだ。

私の目の前でくりひろげられたご両人のやりとりを、少しご紹介すると、たとえばこんな具合なのである。

「喜一さん（その伯父の名）には、私、困ってしまう。だって、ちょっとでも私の帰りが遅いと、イライラして怒るんですもの。ご自分には、ちゃんと奥さまがいらっしゃるのに……」

「いや、お前のことが心配で、気になるからなんだ」

「あなたにとやかく言われる理由はないのよ。それに、私の下着の洗濯なんか、なさらないでくださいよ。奥さんに悪いじゃないの……」

「うん……だけどそれが私の生きがいなんだから。お前がそんなこと言っても、私にはどうしようもないんだよ」

なんとも恐れいった次第だが、私の霊査によると、二人の間の因縁は、こうなる。

娘さんの家庭をA家、初老の伯父の家庭をB家と呼ぶことにしておこう。実は、六代前のA家と、同じく六代前のB家がいまでいうところの「夫婦交換《スワッピング》」をやっているのである。自然にそうなり、やがてゲームのように双方合意のうえでそんな関係がつづき、A家とB家にそれぞれ子どもができた。A、B両家の五代前であるが、実は子種が双方とも違ったのである。〝交換〟した相手の子だったのだ。

そして現在の代に至って、先祖の霊困による引力で、伯父と姪との肉体が交合することになったのである。先祖が演じた「汚《けが》れた罪業《ざいごう》」による因縁だ。

痴話にも似た二人のやり取りを聞きながら、私はただ暗然とするばかり。このまま進めば、ろくでもない破局を迎えることはありありと見えるのだが、さりとて手の打ちようもない。娘さんの将来もへったくれも、いえたものではないのである。

申しわけないことだが、私はただ、曖昧《あいまい》な言葉を述べただけで、お引き取りいただいたのである。

水子霊の恨みで非行を重ねる中1の少女

初老のご婦人が来訪された。もちろん、初対面である。キョロキョロして落ち着きがない。ひょっとすると狐狸霊のしわざかな、と一瞬は疑ってみたくらいで、どうにも薄気味が悪い。

じっと霊感透視に入ると、そのご婦人の挙動は、どうも水子霊のしわざのようだ。落ち着きがないのは、ご神前であり、神威を恐れているせいであろう。

「うちの子だけは、と信じて今日までまいりましたが、先日、学校から呼び出しを受け、担任の教師に会いました」

と、ボソボソ話すことを要約すると、こういうことになる。

問題の子どもというのは、中学一年生になる女の子。四人の仲間と一緒に学校のトイレでタバコの回しのみをしている現場を、先生たちに見つかった。それだけならともかく、その娘は右腕に「洋二命」と、へたな入れ墨までしていたのである。母親としては、思わずヘナヘナと腰を抜かしてしまったそうである。

霊査をつづけると、水子霊は「人殺しぃ！」と、まず第一声をあげる。生きていれば七歳になるという。

やがて、拙宅にお祀りしてある神々のご一神である護法神の朗々とした声が聞こえてくる。聞き覚えのあるお声である。

「この老女は、十七年前、妊娠五カ月にもなっていた胎児を堕ろしてしまった。そのカキサラエの際、胎児の腕に医療器具がぐさりと突き刺さった。それが原因となって、こんどの入れ墨事件となったのだ」

と護法神は声なき声で教えられ、つづけて、水子霊が胎児であったころ、母親は相当なヘビースモーカーであり、それが今日にいたって中学一年生の娘がタバコを喫《す》うようになったのだ、とおっしゃるのだ。

いきなり婦人の声が耳に入って、私も我に返った。

「うちの娘には、悪い霊が憑いている、としか思えません。なにかといえば噛みつくように反抗します。動物霊でも取り憑いているのでしょうか?」

なにをバカな、と内心、私は苦笑した。親である自分の罪のため、娘が非行に走っているというのに、見当ちがいもはなはだしい。

「あちこちの拝み屋さんたちにうかがって、いろいろやってみたのですが、さっぱり効き目がありません。仏壇に向かって般若心経を何十回も唱え、憑いている動物霊を追い出そうとするのですが、娘は悪くなる一方です。もう、このごろじゃ、私もヘトヘトで、神も仏もあるものか、という気持ちです。動物霊は人間的にいってもわからぬから心気を強く立ち向かえ、と教えられたので、近頃では毎日のように娘の頬をぶっております。これでも親子かと、つくづく情けなくなります」

ハラハラと涙を流すのである。

だが、同情はできない。それどころか、腹がたってきた。わが子を殺して水子霊としてヤミに追い捨てておきながら、動物霊だなどと憎むとは、なにごとであろう。水子霊が、怒り、泣き叫び、反抗するのはあたりまえだろう。

親がこんな気持ちで、お経を何百回となえても効果があるどころか、あべこべに悪くなる一方である。母親の怒りと水子の怒りが、娘の心体を舞台にぶつかり合うのだからたいへんである。ところが、この母親、いくら説明しても、そのへんがまったく理解できない。とうとう腹をたてた私が「勝手にせい！」と怒鳴ったとたん、水子霊をあやつっていた凶霊が、忽然《こつぜん》として姿を現わしたのである。その正体をじっと見きわめると、問題の母親が若いころ性交渉を持っていた男の背後霊なのである。

水子霊の因縁は、意外なほど深く、そして恐ろしいのである。

鬼婆はなぜ、若妻をいじめまくるのか

義理の祖父母が、まだ健在である。いずれも七十代になっている。つづいて、父母がいる。父が四十八歳、母は、それより若干の年下である。そして、その息子と嫁（二十五歳前後）がいて、三歳になる長女がいる。ざっと、以上のような家族構成である。

嫁がこの息子と結婚する直前まで、他の男がからんだ三角関係がもつれ、すったもんだの騒ぎがあって激しい争いがつづいたという。結局、弱い者がはじき出され、問題のお嫁さんは、義理の祖父母のご機嫌をおおいにそこねたまま、強引に結婚して現在の家に入ってきたのである。

こうして、義理の祖父による、猛烈な孫嫁いびりが始まったのだ。現代の女性は、嫁いびりたいしては、おっそろしく激しい姿勢で立ち向かうのが常だが、この場合は少し違うのである。明治に生まれ、きびしい封建《ほうけん》制度のなかで鍛錬《たんれん》された老女には、想像もできぬほど強烈な土性骨《どしょうぼね》ができあがっている。日夜連続するいびりで、とうとう若い嫁さんはノイローゼになってしまった。そんなころ、妊娠したらしい。

なにしろ、箸のあげおろしにも口汚く罵《ののし》られ、ことあるごとに物差しでひっぱたかれれば、若い嫁さんとしては、精神状態がおかしくなったとしても、むしろ当然であろう。

そうしたあげく、出産した女児は、少しばかり知能が遅れている。現在、三歳になるが、私が見たところ、歩行も正常ではない。

嫁さんの実父母の泣きの涙の訴えには、さすがの私もいささか閉口したが、胎児の時期に問題があったことは、まずまちがいがなさそうである。鬼のような〝クソ婆〟のため、母親が心も体もクタクタになるほど苛《いじ》められれば、生まれてくる子どもが影響をうけないはずがないのである。

もし、この長女の異常が霊障害のせいだとすれば、考えられるのは例の〝クソ婆〟の背後霊が嫁さんを嫌っていた、としか思えないのだが、どうも、この場合は鬼のような婆さんの性格によるものというほうが当たっているようである。

そんな婆さんの家に嫁入りしたのが因縁だとあきらめ、忍耐の日々を送ってババアのくたばるのをじっと待つか、もう一つは、寝物語りで夫に別居生活を強要するか、二つに一つしかなさそうである。

かわいそうなのは、知的障害を持つ三歳の長女と、その母親である。霊によるサワリ・タタリのせいだとか、動物霊が憑いたせいだとか、いいかげんな自称「霊感師」なら言うであろうが、そうではない。意地の悪い祖母の仕打ちが母胎に影響し、その結果が出産した女児に及んだ、といってまちがいなかろう。

水子霊と家憑き霊が人妻の体をもてあそぶ——

「この三日間ほど、毎晩つづけて死んだ父の夢を見るんです。それも同じ夢で、父が墓の中でハラハラ涙を流しながら、私の背中をかかえ込んで私を引き戻そうしているんです。一度ならず二度、三度と、三晩同じ夢を見るのは、なにか、父の霊が私に言おうとしているのではないかと思いまして……」

といって、中年の女性が暮れも押しつまったころに相談にきた。

——お父さんが亡くなられて何年になりますか？

「私が八歳のときですからもう三十年になります」

——それでは、お父さんの霊の力はまだまだ強いですよ。

と私は答えた。「はい」というのに、

——もし、お父さんが生きておられたとしたら、あなたはお父さんに諭《さと》されるようなことはしていませんか。

と、私は単刀直入に尋ねた。

実はこの女性に会って話を聞いたときから、なんとなくこの人のまわりには、さまざまな霊が視《み》え、色情因縁の相が感じられた。そして、この人が見たというのも、夢に借りて現われた父の霊が、娘をあるべき姿に戻そうという霊現象ではあるまいかと思ったからである。

女性はしばらくうつむいたままであったが、私の聞こうとしたことがわかったのだろう。というより、夢の中で父が、当人になにを言おうとしているのかをもう理解していたのにちがいない。その女性が私にためらいながら打ちあけた話は、次のようなものであった。

仮にB夫人としよう。年齢は三十九歳だという。

この女性のご主人は長距離トラックの運転手をしている。仕事にでると、二、三日は家に帰らない生活だ。小学生の子どもが一人いるが、それだけでは夜になると身をもてあましてしまう。女性も結婚して、三十代も半ばをすぎると、女として肉体的に成熟する年齢になる。色情因縁の霊が憑きやすいのである。おきまりのごとく、夫以外に男ができた。相手は、小学生の子どものＰＴＡの役員をしたときに知り合った、同じ役員の一人である。もちろん肉体関係もできており、ますますその男性に熱をあげている状態にある。

これ以上進行すると、双方の夫婦の間柄はもちろん、家庭まで崩壊するという段階になって、亡父の霊が、娘のこうした関係を清算させるために、私のところにくるように仕向けたものであろう。

霊査すると、このB夫人には、もう一つ、ややこしい関係が生まれそうになっていた。こっちはとんでもない浮浪霊の悪ふざけ。なんと相手の男の息子との関係である。

というのもこの息子は高校生で、実は相手の男が女性とのつき合いを自然な形によそおうために、自分の息子をB夫人の子どもの家庭教師にさせていたことがそもそも原因する。自分の女房にも、そのほうが安心させられると考えたわけであろう。この男はその上に、女房との関係があまりうまくいかず、家庭不和の状態にあり、いささか自棄《やけ》になっていた。

さて、B夫人と相手の息子との話をつづける。

ある日の夜、この息子が、この夫人宅に「こんばんは」といって訪ねてきた。

「あら、今日は勉強の日ではないでしょう。ケン坊は子ども会の集まりで、ついさっきでていきましたよ」

「ええ、わかっています。この先の友だちのところにきたものですから、帰りにちょっと寄ってみたんです」

「あらそう。外は寒いでしょ。さあ入ってコタツにあたりなさい」

といって、家に上げた。しばらくは子どもの勉強の話をしていたのだが、息子はにわかに立ち上がるや、女性に抱きついてきた。押し離そうとするのだが、相手の力は強い。押し倒されて無理やり犯されそうになったとき、「ただいま!」とケン坊が帰ってきたのである。

「すんでのところで助かりました。これからいったいどうなるんでしょうか」

という。

この人たちの因縁を少し説明しよう。わかりやすく図示すると左のようになる。

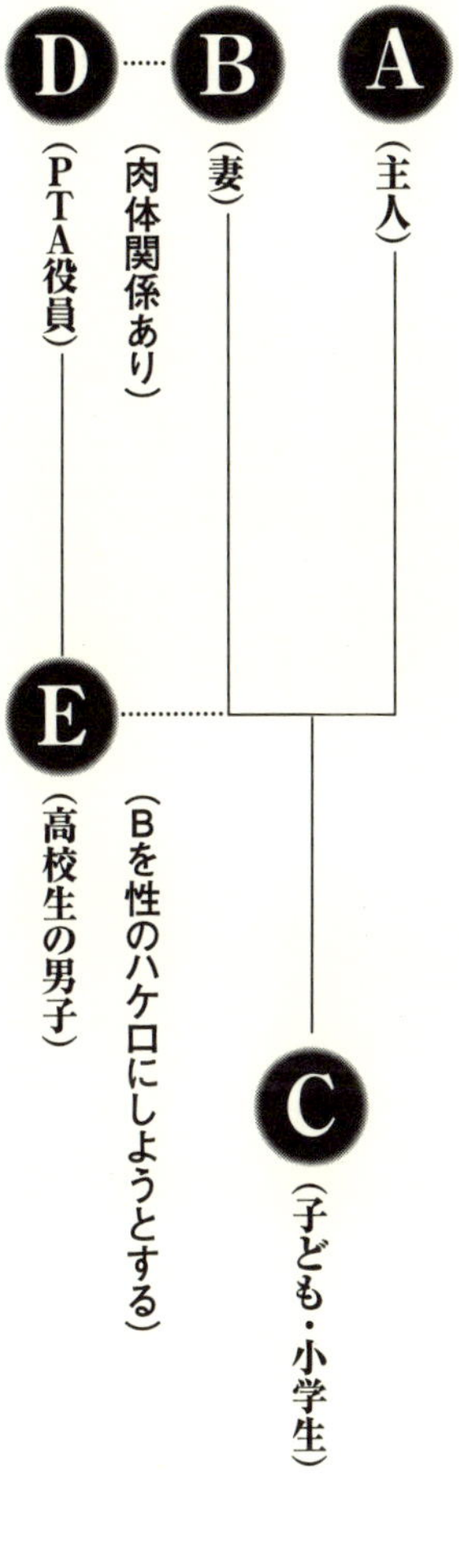

Aは、仕事の関係もあって、家に帰らないことが多い。働き盛り、男盛りだが、セックスは、仕事先のあちこちで済ます。セックスに限っていえば女房は不要。特に親しくしている女がいて、ただこの女の背後に色情因縁霊があり、AとBの間を裂こうと狙っている

ことをAは知らないのである。

妻のBは、退屈をもてあまし、夫とのセックスも乏しいことが、心ならずDと結びつけた。が、AとBには、ほかに二人の水子霊がまつわっているのも見える。実はこの水子の呪いが、二人の離隔の原因でもあるようだ。

一方、Dはといえば、Dの女房がもともと不感症気味なのであった。夫婦生活も味気ない。Bと肉体関係を結んだのも直接にはB・Dの、ともに充たされない情緒《じょうちょ》が原因となったのである。そもそもこのDの女房には、憑依霊があり、結婚したあとなにかの作用で、Dを敵視する因縁霊が憑いている。わるいことに、これがBとDを、不倫の関係を結ばせるように働きかけ、陰でほくそえんでいるばかりか、さらにあくどいことに、この霊はBとEとまでを関係させようとたくらんでいるのである。

最初、私には、この霊のことがよくわからなかった。怪しげな黒い影が浮かび出て、「EとBをまどわせたい」とばかり言う。てっきりEだけに憑いた霊だと思ったら、もともとはDの女房の憑依霊だったのである。

EをCの家庭救師という巧妙な手段で接近させ、欲望をとげさせようとしているのが、このDの妻の憑依霊と知って私は暗い思いがした。

幸い、Bには、これらの関係を心配する亡父霊がおり、これがCをも動かしてBがEに犯されようとしたとき、Cを家に戻させて難を防がせたものの、そもそもこの憑依霊の目的はなんなのか。

時間がなくなったので、ただ以上のような霊界の因縁図だけを説明すると、「そうでしたか……」といって、B夫人はシクシク泣きだした。

「このままの状態ですと、いずれEちゃんと私が関係するようになるんでしょうか」という。

——ええ、そればかりではなく、輪姦にまで発展しますよ。

と私は思いきって告げた。

「えっ、輪姦ですって！」

——はい。E君が高校生の友人を連れてきて……。

「まあ……」

S夫人は慄然《りつぜん》とした顔をして、「よくわかりました」といって帰ったのだが、その後、私のところには姿を現わさない。ただ、夫人の近所の人が私の家に出入りしているので、だいたいの様子は知ることができる。近所の人の話だとやはり、「あそこは、高校生がしょっちゅう出入りしていますとか、「ある高校生が、友だちを無理やり引っぱって家へ入れたというんだけどね」ということである。不幸ながら私の霊言は当たっているようだ。

これまで説明したように、この関係者の背後には、それぞれの憑依霊や不浄霊がいるのだが、これらのまがまがしい関係を誘発し、その根本原因となっているのは、もう一つ、A、B家にまつわる家憑き霊ではあるまいか。この家には、先住者が残していった色情的な霊がいて、それが悪さをしているのである。A、Bを霊査して、二人の水子霊が現われたとき、その傍にもう一つ薄気味悪いかたまりが現われるのだが、それ以上、どうしてもはっきりしない。私はなにかの動物霊ではあるまいかと思った。A、Bが入居するときも、先住者との間にいろいろゴタゴタがあり、難儀なことが次つぎと起こったという。

あるいはこの家憑き霊を除霊すれば、問題は解決するかもしれないのだが、当人が現われないのではどうしようもない。

人間は、おのおの、自分の考えで動いていると思っているだろうが、それは間違いなのだ。霊にあやつられていることを知る必要がある。まさに〝霊、恐るべし〟なのである。

その母子相姦の背後には動物霊がいた

最近、家庭や学校で暴力をふるったり、非行に走る青少年がふえてきており、教育や社会的に大きな問題になっていることは、どなたもとっくにご承知であろう。こうした問題でお悩みの方もいらっしゃるのではないだろうか。

非行とはいうまでもないが、性的非行も含まれる。また非行そのものではないが、いわゆる性の乱れも大きな問題だ。毎年発表される『青少年白書』でも、セックス体験の急激な低年齢化が指摘されている。

東京の新宿区に、電話による性の相談をやっている、ある民間団体がある。電話で性の悩みを相談するのは圧倒的に青少年が多いのだが、そこでだしている報告書を見ても、このところ急に「母子相姦」がふえているようだ。

二、三の例をあげてみると、中学生や高校生、なかには大学生の息子が自分の部屋で自慰行為をしているのを母親が見つけ、それをとがめたり、また、この年ごろは性的衝動のいちばん強い年齢だからと見て見ぬふりをする前に、母親が自ら積極的に性の処理をしてやるケースが多いのである。もちろん、自分の肉体を提供してである。あるいは、母親が夫との性生活の不満を息子に求めるというケースも少なくないという。

私は、子どもの進学や将来についても、いろいろな相談を受けることが多いが、面接にきた親子を霊視してみると、母と子のおぞましい姿を視《み》ることが多くなった。特に受験生を持つ親にこうしたケースがふえてきているのが心配だ。やはり、霊相も、間違いなく位相や時代相が反映するのであろう。

母子相姦に発展するケースには、霊的にはいくつかの共通する特徴がある。まず、家族構成が親子三人、つまり一人っ子であること、父親、母親がともに高い学歴を有していること、母親が教育熱心で、いわゆる教育ママであること、母親が子どもを溺愛《できあい》するタイプで、子どもに対して過保護なことなどである。

さらにはもう一つ、夫婦関係がうまくいっていない。夫は年齢的にいっても、会社の中間管理職の世代で、仕事の責任も重く忙しい。そのため、家庭をかえりみることが少なく、教育も母親にまかせっきりである。必然、夫婦の性生活も少なく、妻は欲求不満である。それがまた、息子を性的対象にするゆえんでもあるようだ。

さて、前置きが長くなった。早速、今回のケースに入ろう。

ある日、Y県に住む私の友人の紹介だという一人の中年女性が訪ねてきた。

その友人からは、この女性はまことに教育熱心で、その一人息子が自慢の種であると聞いている。子どもも出来がよく、成績も優秀。子を持つ親たちの羨望《せんぼう》の的で、近所でも評判の〝模範息子〟であるという。この子自身、評判にたがわず、県下で超一流の進学校といわれる高校に無事合格した。母親はますます鼻が高いそうである。

相談というのは、やはり子どもの将来についてであった。

「うかがいますと、先生は以前、学校の教師をなさっていたそうですね。それで、子どもの将来を相談するには、先生がうってつけだと思いまして。最近は、勉強しない子が多くなって、教育について親御さんから相談を受けることも多うございましょう」

――おっしゃるとおりです。

と、私は答えたものの、内心、「けっ、勝手にしやがれだわい」と思った。子どもの不出来の相談にきたのではないことは、私は、既に友人から情報を得て知っている。「それにひきかえ、うちの子は……」と母親は言いたいのだろう。その上ただの霊感師なら信用しないが、元教師というインテリだから相談にきた、という態度がありありと見えて、多少私も不愉快であった。

――相談というのは、どういうことでしょう。

と尋ねると、

「実は、この子の将来を考えて、大学はアメリカかフランスにやらせたいと思っているのですが」

という。「日本の大学ではないのですか」と聞き返すと、

「ええ、この子の将来については、いろいろ可能性を考えているのですが、最低でも、外交官にはさせたいと思いまして、オホホホ」

まあ、なにはともあれ、早速、霊感透視に入る。すぐ、この少年の勉強部屋が見えてきた。少年は、机に向かって、勉強している。机の上には教科書が広げられ、熱心にノートをとっている。すると、部屋のドアが開けられ、お盆にケーキと飲み物を持った母親が入

ってくるのが見えた。その母親の姿が異様である。スケスケのランジェリー姿なのだ。いくら自分の子どもとはいえ、相手は年ごろの男性なのだ。母親としてあるべき姿ではなかろう。

そのあとが、もっといけなくなった。母親が勉強机の横にあるソファに、腰をおろしたのである。着衣が腰のあたりまでめくれ上がり、机に向かっている息子のところからは、母親の女盛りの、ムチムチとした太股があらわなのだ。いや、さらにその奥までが、ばっちりと息子の目にとらえられているではないか。

母親、というより、こうなると一人の女のあられもない姿というべきだ。息子も欲情をそそられたのか、やにわに立ち上がると、ためらわず母親に飛びついた。初めてとは思えないほど、もつれ合ってセックスする姿が延々と続く。母親の表情からは、嫌悪感とか罪悪感はうかがえず、むしろ恍惚としているのである。今回が初めてでは絶対にない。すでに、だいぶ前から〝男と女〟の関係になっていることのわかるその姿態であった。

私は、しばし呆然《ぼうぜん》となって、ボーッとその光景を眺めていた。

「先生、いかがでしょうか。子供の将来は」

私が、目をつぶって、霊感透視している間、その母親は時間が長く感じたのか、うながすように質問する。

――そうですね。母と子の間に、脱線がなければ大丈夫です。

と私は婉曲《えんきょく》に言った。この女性は、自分が母子相姦の状態にあることなど、私が知るはずはないと思っているわけで、

「それは、どういうことですか」

と聞く。私もあからさまには言いにくい。なんとか察してもらおうと、

――はい、母親は母親らしく、子どもは子どもらしくです……。

というと、その女性はそこで急に顔を赤くした。これ以上は聞きたくないという表情で「子どものことはもう結構です」と、投げつけるように言って、怒って帰ってしまった。

やっぱり、私のいわんとすることがわかったのだろう。

それからしばらく日がたってから、友人から電話がかかってきた。

「おい、例の女性がお前のことをクソミソに言っているぞ」

――そうだろうな。

「なにか気にさわるようなことを言ったのか」

――とんでもないよ。が、それで、彼女にはいいんだよ。

「え？　じゃ、プライドを傷つけるようなことか」

――いや、かならずしもそうではないんだが。が、本人がそう受け取ったのならそれでも私はいいということさ。

「フーン。ところでね、最近、あの家の近所では変な噂《うわさ》がたっているんだよ。夜、あの

家の前を通ると、なにか獣《けもの》の匂いがするというんだ。ちょうど動物園に行くと動物の匂いがするだろう、あれと同じだというんだが。俺自身もそういう匂いを感じるんだよ」

――そうなのか。それほどだとすれば、知らなかったが、強烈な動物霊が憑いている証拠だね。霊界には、匂いで霊の存在を示すものがあるからね。

友人にもそれ以上のことは言わなかった。

ところが、これは後日譚だが、あの家庭でなにが起きているか、その友人にもはっきりわかる事態が発生した。実名は伏せてあったが、地元の新聞にゴシップ記事が載り、友人がそれを私のところに送ってきたのである。

かいつまんでその記事の内容をいうと、事態は次のような次第であった。

ある夜、例の女性の主人が（銀行の支店長だという）、遅く家に帰ってくると息子の勉強部屋からガタガタと音がした。なにか異様なうめき声も聞こえる。きっと息子になにか異常な事態が起きたに違いない。強盗にでも入られて、さるぐつわをされ、どこかに縛りつけられているのではないか。父親はすぐ隣の家にかけ込んで、一一〇番をしてもらった。その家の主人にも応援を頼んで、ようすをうかがいながら窓を蹴破って飛び込んだという。そうこうするうち、パトカーもサイレンを鳴らしてやってくる。何ごとかというので近所の人も集まってくる。

しかし息子の部屋に飛び込んだご亭主や、隣人がいかに驚いたか。いや、いちばん驚いたのは母と子ではなかったろうか。なにをかいわんや。その部屋では、母子がからんでセックスの真最中だったのである。

これほど騒がれては、人の口に戸はたてられない。町中のセンセーショナルな恰好の噂話になって、とうとう地元の新聞も、スキャンダラスなゴシップ記事として社会面を飾ったというわけだ。

考えさせられるのは、さらにその後日譚である。あれだけのスキャンダラスな〝事件〟も、その後すっかり人の噂話にものぼらなくなり、また母子の関係は新たに尾を引いているようだと友の話。母親に憑いている動物霊がそうさせるのか。

いずれにしろ、最近、社会的にも問題になっているまがまがしい母子相姦も、こうした動物霊の働きかけによる例のあることを、世間の人はほとんどご存じない。

サメ肌の蛇霊に憑かれた男

進学相談でお見えになる方が多いことは前に触れた。進学の次は就職ということで、就職相談、会社に入ってからは、昇進の問題、仕事上の悩み、会社での人間関係のことなどで相談にこられる方も少なくない。

憔悴《しょうすい》しきった表情で、私のところを訪ねてきた三十四歳のサラリーマン氏もその一人。

彼は、一流大学を卒業後、会社も一流どころに入社した。同期入社の仲間も多かったのに、係長に昇進したのは、彼が一番。出世の早さが嬉しかったという。ところが、よかったのはここまで。その後は、どうしてだか仕事上のミスが多くなる。上司からは文句を言われ、部下からもバカにされるようになった。人間関係もうまくいかなくなった。

本人も気が滅入って、そのせいかこのごろは物忘れがひどくなった。目はショボくれ、声にも活気がなくなるというような始末である。精神的にも、肉体的にもおかしくなり、いろいろ薬を服《の》んだり、医者にもかかったのだが、いっこうに効き目がない。

本人はもとより、家族や周囲の人も心配して、あれこれ思案しているときに家族の知り合いが、私の著書を持ってきて、「なにか参考になるかもしれないから」と置いていったという。すぐに読んでみると思いあたることがある。自分もなにかの霊に祟《たた》られているに違いないというので、つてを頼って私を訪ねてこられたのである。

私は霊感透視をしてみた。なにやら、うす汚い人霊しか見えてこない。こんな霊でよくここまで昇進できたものだと不思議に思ったのだが、すぐ、「ああ、これは背後霊が交替したのだな」と直感した。

——山田さん（仮名）、人間の一生は霊界とつながっていて、もろもろの霊が人間を支配したり、酷使したり、マイナスの働きをするんですよ。

「はい、それは先生の本を読んでわかっています」

——といっても、どんな理由でこうなったのかを考えねばなりません。いつごろから調子が悪くなりましたか。

と尋ねると、二年ほど前からだという。

——もちろん、霊にはその人を応援するプラス霊もいることはご存じですね。あるいはあなたが順調に昇進した時期までは、プラス霊があなたを支配応援していてくれたのに、それが、なにかのきっかけか事情があって、あなたから去ってしまったのかもしれません。そのあと、空き巣狙いのように、貧乏霊としかいいようのない霊が、あなたの肉体に居座ってしまったとも思えますが、なにか記憶がありますか。

「そうだったのですか。これといって思い当たることはないのですが、ちょうどその二年前ごろ、幹部昇進のための教育研修で、ある霊場の道場に泊まり込み、訓練を受けたことがあります。そのとき、滝行などの修行のまねごともやりました……」

——それだっ！

と、私は思わず叫んだ。霊査の手がかりが見つかれば、私にもすばやい処置ができるものだ。

――そこのお滝場で、それまであなたを応援していた背後霊が、別ななにかの虜《とりこ》になっていることも考えられますね。

早速、もう一度霊感透視をしてみた。

そこは、樹木がうっそうと茂っており、昼なお暗いところである。森の一角をするどく引き裂くように一条の滝が落ちて、滝つぼのまわりがわずかに平地になっている。透視をしていても、そこに足を踏み入れるのは躊躇《ちゅうちょ》するほどだ。

私も念を集中して、その付近を見回してみた。

――いた！

長モノに腹をぐるぐる巻きにされた人霊が、苦しそうな表情で一心に私に助けを求めている。きっと邪悪な蛇霊であろう。その長モノがまた裂けんばかりに口をあけて、私を睨《にら》みつけている。

そのとたん、霊の作用であろう、私は無意識に九字を切る動作をし、「エイッ！」と気合をかけていた。一声、二声、そして五声まで気合をかけた瞬間、長モノと人霊の姿がパッと視界から消えたのだ。

私自身、はっと我に返って周囲を見渡すと、くだんの男性がうずくまっている。大きな声で、「山田さん、どうしましたっ」と言いながら、もう大丈夫ですよと手で合図した。

彼も夢から覚めたような表情だ。私を見つめ、ふりしぼるような声で、「ありがとうございました」と言った。なぜか腕まくりをして、しきりに両手で腕をさすっている。それが終わるとシャツのボタンをはずした。首すじや胸をなでまわしている。「どうしたのだ」といぶかしげに見ている私に、

「いえ、この二年間ほど、サメ肌というんでしょうか、皮膚が粟だつような、ガサガサした状態だったのですが、先生の気合とともにそれが消えました。そして、背中が急に温かくなってきました。先生、元の背後霊が戻ってきたんじゃないでしょうか」

私も驚いて彼を見た。この人の場合、幸運だったというべきであろう。いったんタイミングを失してしまうと、この人を応援していた背後霊は、長モノにやられてしまったかもしれない。ともあれ、すっかり表情も明るくなり、喜んで帰っていった。

私にも不思議なほどのハプニングだったが、嬉しいことにもう一つ、それから三カ月ほどたったころである。にこにこ顔で山田氏が私のところにやってきた。何度も何度も礼を述べたあと、その後すっかり状態が変わったという。

仕事も、順調だった当時のようにはかどり、ミスもほとんどなくなった。上司や部下の信頼も戻り、以前にもまして人間関係もよくなったそうだ。私も嬉しくて、

――課長昇進も間違いなしですねえ。

というと、

「えっ、おわかりですか。実は今日、重役に呼ばれて、課長昇進の内示があったんです。

今度はこの前のように変な霊が憑いてはかないませんので、私を守ってくれている背後霊に、いつまでもいてもらいたいのですが。先生、なにか方法がありますか」

——あなたの守護霊となっている背後霊に、いつも感謝の気持ちを持つことでしょうね。私は毎日よくよくお願いすることだと思います。

彼は「わかりました」といって帰っていった。前著『霊は生きている』でも書いておいたが、守護霊とくらべ背後霊というのは、実に浮気なところがある。すぐ、どこかへ行ってしまう。山田さんの背後霊が、少しでも長く彼を守護してくれるように、私はそのとき心に念じた。

新妻と姑の争いは、蛇霊と背後霊の代理戦争

「無理な結婚でした」

ぼそりと、吐き出すような老女の一言。ふと、その横に寄り添う形で、無言で控える霊影が視《み》える。問わず語りに、老女がぽつりぽつりと説明をはじめる。

「若い者たちが、どうしても結婚したい、といってきた。認めてくれなければ、家出してしまう。そうでなければ、二人で心中する、とそれはたいへんな剣幕。まあ、死ぬの生きるの、などというのは世間にありがちの話で、熱がさめればどうということはない。そんなこと、わかっていましたが、二人が思いつめているので、貯えもないのに大借金までして式と披露宴をすませた。とたんに、婿《むこ》の側からの言いぶんは、両家から渡したはずのお金が、実は受け取っていないとのこと。びっくりして、恥をかきながら親類の間を走りまわって、またまた借金を重ね、やっとの想いで新婚旅行に送りだしました」

と、こんなぐあいで、自分の娘と相手の男との生活がはじまったのだという。

「拝み屋さんに、若い二人の将来を占ってもらったら、良いことばかり言われまして……」

——なんだって言われたんです。

と、これは私の質問だ。

「はい、最初は娘たち夫婦が行きましたら、こんなに相性のいい男女は珍しいから、ぜひとも結婚しなさい、と言われたというので、どう考えてもおかしいと思って、こんどは私が二人にはこっそり、かくれて拝み屋さんを訪ねました。しつこいくらいに問いつめたのですが、相性は良いし結婚すれば夫婦円満まちがいなし、というので、そうかいな、とつい思い込んだのが、とんでもない過ちでした……」

このとき、霊影からの声が聞こえてきた。

「その拝み屋の言うことも、かならずしもまちがいではなかったのですが、奥の深いところまで見通してくれず、つまり手前の浅いところの話しかしてくれなかったのです」

――なるほど、奥にひそんで操っている霊因まで見抜いてくれなかった……。

「そういうことです」

――それでは尋ねたいのですが、この二人は、これからどうなるのですか？

と、ここまできたところで、くだんの霊影は泣きくずれてしまって、話にならない。

ここで、やっと私の霊感が働きはじめた。

それによると、この婿どのはやがてあちらこちらと借金をして歩き、返済しきれぬほどの大借金を抱え込んだあげく、ついには蒸発してしまう――という姿が視《み》えるのである。

そこで、「やがて、お二人はこうなりますよ」といったら、老女は「もう、そうなっています」という。

「じゃ、その借金の返済をあなた方が……？」と尋ねると、「ええ、そうなんです」とのことなのである。

そもそも最初から婿どのと母親との折り合いが悪く、嫁さんはことごとに姑からいびられたのだそうな。息子が出勤してからが、たいへんなのである。姑はちょっとしたスキを見つけては文句をつけ、嫁の持ち物を手当りしだいに投げ散らし、あげくの果ては、どこでもある話だが、嫁の悪口のあることないこと、近所にふれまわるのだ。

ただし、嫁さんのほうも、やられっ放しではけっしてない。体力のうえでも、若い嫁さんのほうが強いのである。姑の頭髪をつかんで引きずりまわしたり、ねじり倒して頬をひっぱたいたり……。

まず、この世のものとも思えぬ修羅場《しゅらば》が出現する。それが毎日のことだから、これは地獄の生活だろう。

――それじゃあ、舅《しゅうと》というか、義父にあたる方は、そういうとき、どうしておられるんですか？

と、あたりまえのことだが、私の質問だ。

「それが、奇妙なことにニタニタと笑っているだけで、意地悪い顔つきで眺めているのです」

さて、そろそろ、このわけのわからぬ話の解明に入ろう。

嫁と婿さんと、そのそばに交尾中の蛇の雌雄《しゆう》が見えた。これで、拝み屋さんの判断が狂ってしまう。姑に憑いている背後霊は、生前、この蛇の霊を、ある宗教団体からいただいて信仰し、拝む対象霊としていた。

ところが、その背後霊が、のちに自分がありがたがって拝んでいたのが蛇の霊だとわかって嫌悪し、離れて逃げ出そうとするが、なかなかうまくいかない。

蛇の霊に追いまわされながらも、姑の背後霊は逃げ出すことばかり考えている。つまり、背後霊と蛇の霊は、毎日毎晩、大ゲンカのしつづけというわけなのである。

さて、姑さんはといえば、これはもう背後霊と蛇霊との闘争にもみつぶされ、とうの昔に人間としての芯を引き抜かれてしまって、コンニャク同然のグニャグニャ。飯を食って、息をしているだけの人物になってしまっている。動物霊（蛇）か背後霊の波長と、嫁さんの霊の持つ波長がたまたま合致したのだな、と直感したとたん、先ほどの霊影がふたたび姿を現わした。

「よくわかってくださいました。私、実はあの嫁の先祖にあたる者でございます。幼ないときから、あの娘はかわいがられて育ってきましたが、私がちょっと油断して目をはなした隙に、あの気持ちの悪い蛇の霊か、姑の背後霊かにつけ込まれ、あの娘の心身を乗っ取られてしまったのです」

と、残念無念の表情で、その霊は語るのである。

さて、このややこしい霊因を、どうやれば解決できるか。実は、厄介きわまることではあるが、二つの方法がある。

一つは、どこかの社寺・霊場に参詣し、ご縁をつないでいただいて、面倒を起こしている霊たちを引き取ってもらい、そこの霊籍に入れていただく方法がある。もちろん、それにはそれなりの霊的手続きが必要なのであるが……。

もう一つの方法は、それらの霊たちを自分の屋敷に理納し、小さなお社《やしろ》をつくって、そこに鎮座していただく、つまり、生きている人間の肉体から離れていただくわけである。ただし、成功するかしないか、保証の限りではない。

どだい、この世の中は、思いどおりにならぬことが多すぎるのである。以上の二つの方法でうまくいかなければ、これはもう、成りゆきにまかせて、ゆくところまでゆかなければ、どうしようもなかろう。

最後に、もう一つの方法がないわけではない。それは、嫁さんが離婚を申しでて逃げ出すことである。ただし、そうなれば、婿さんは、必死で追いかけまわすだろう。だから、大借金を抱えた婿さんが、自分から蒸発してくれたのは、むしろ喜ぶべき事態なのである。たとえ、残された借金を整理する、という荷物を置きみやげにされてしまったとしても、長い目でみれば、そのほうが幸せなのである。

人間霊になりすました蛇霊の奇怪さ

いつも私が述べることなのだが、みさかいのない神頼みは、時によっては、とんでもない危険を招き寄せてしまう。ここで取りあげる実例は、若妻が子どもを授かりたい一心で、得体の知れない祠《ほこら》の前でひざまずき、いわゆる〝願掛け〟なるものをやったばっかりに、あろうことか、蛇の霊に取り憑かれ、首尾よく男の児を出産したのはいいのだが、こんどはその蛇霊が母親から生まれたばかりの息子に乗り移り、三十年近くにわたって、祟りつづけた、という恐るべき話なのである。

年月のたつのは早いもので、あれはもう十年も前のことになる。

多忙な時間の合間に、ふとおとずれた休息のひとときを、タバコを口に一服していたところ、老女が三十歳近い男をつれて訪ねてきた。男は二十九歳、老女の長男だという。

この二人が私の前にすわったとたん、強烈な霊気が私を襲った。一服つけていた心の隙間に、まんまと霊気が入り込み、スパッと私の体を占領してしまったのである。なんともイヤな気分だった。

「この野郎!」とばかりに私は立ち向かったのである。

――おい、お前はなんだ!

心の中で一喝すると、霊はふんぞり返った調子で答える。

「お前はなんだ、とはなんだ!」

――お前は人間の霊じゃないだろ、だからなんだと尋ねているんだ。

「ワシは人間だっ」

——そんなことを言いつづけて人間さまをたぶらかしてきたんだな。

「たぶらかすとはなにごとだっ！」

——この言葉がわからんようでは、人間ではないぞ。

すると、それまでの居丈高《いたけだか》な態度が一転して、にわかにしょぼくれた声に変わった。

「いや、ワシは人間じゃ」

——それじゃあ、いつごろ生きていたのか言ってみろ。

「…………」

——徳川家康の時代にいたのか？

「おう、そうだそうだ、トクガワイエヤスの時代じゃわい」

まるっきり、オウム返しの答えである。これはよくあることで、返事に困るとか、知らないことを尋ねられると、こちらの誘い水にとびついてくるのである。

——そうかそうか、徳川家康の時代なのか。それじゃあ源義経と同じ時代だな。両方とも有名人だが、知っているのか。

「おう、知っているとも。よく知っておるぞ」

——どんな人だったか教えてくれ。

「…………」

——どうだ、知らんだろう。そろそろ化けの皮をはいだらどうだっ！

こういうぐあいに嘘をついている霊を追い込んでいき、だんだん正体をあばいて人体から追い出すのは、私がよく使う手法である。

実は、この霊が憑いているため、老女が連れてきた二十九歳の男には、ろくでもないことがつづいてきたのである。

たとえば、大ボラを吹きまくって人びとを煙にまく。それですんでいるうちは、まあ、ご愛嬌というものだが、嘘をついて仲のよい夫婦の間を裂いてみたり、善意の人をおとしいれたり、ストーカーに近いことをやってのけたり、の連続である。就職しても、半年とつづいたことがない。

最近にいたっては、嘘をついて、とうとう罪なき人を罪におとしいれ、近所の人に迷惑をかけたため、住んでいるところから逃げ出さねばならぬ破目に追い込まれてしまったという。老女が泣きながら訴えるところによると、事情はこうなのだ。

近所の家で盗難事件が持ちあがった。当然のことだが、その一帯を刑事が聞き込みにまわる。よせばいいのに、この男、いつものクセが出て、近所の人がその家へ忍び込むのを目撃したと、名指しでしゃべってしまった。さあ、たいへんである。名指しされた人物は警察へ引っぱっていかれ、コテンコテンに絞りあげられた。幸い、事実無根とわかって釈放されたが、老女の一家はいたたまれぬ思いで、いまは夜逃げを真剣に考慮中だという。

じっと見ていると、二十九歳にもなるその男、悪いことをしてしまった、という意識はまったくなさそうである。どこ吹く風、というそぶりで、憑霊特有のどんよりした雰囲気をただよわせている。

憑いている霊が、やや勢いを取り返し、また、しゃべりだした。

「お前は、化けの皮を脱げなどというが、そんなことをしたら、この男も死んでしまうぞ」

――なんだと！　それはどういう意味だ。

「オレさまがこいつの体から離れる時は、こいつもオレたちの世界へ連れていってしまうということだ。どうだ、まいったか」

――お前、ほんとにそんなことができるのかい。

「おう、できいでか」

――それじゃあ尋ねるが、お前さんが憑いていながら、この親子に連れられて、なんでノコノコとここまで来た？

「そんなこと、オレはわからん。なんとなく引きずられてきてしまったんだ」

虚勢を張っているが、どことなく体裁《ていさい》が悪そうである。

――ここまで連れられてきたのは強い霊力が働いているからだ。お前には、それがわからんのか。

「ウーン……」

――もっと正直に話せよ。わからなければ、こっちから教えてやろうか。

こんな調子で霊問答を重ね、だんだん追いつめていくうちわかったのは、これが蛇霊だということだ。

四十年ほど前のこと――。この老女はまだ若妻だったが、ことあるごとに姑から苛《いじ》められ、罵《ののし》られる毎日を送っていた。泣きの涙の朝晩であった。ワラをもつかむ思いで、あちらこちらを歩いての神頼み。孫でもできれば、ひょっとして姑もやさしくなってくれるのではと、いわゆる願掛けをして回った。よくあることで、いってみればおきまりのコースなのである。そのとき、ある神社の片隅にあった祠《ほこら》にとぐろを巻いていた蛇霊が、しめた、とばかりに取り憑いてしまったのだ。

それから二年半後に妊娠し、出産したのがこの二十九歳になる男である。蛇霊は、子どもが生まれ落ちると同時に、母親から息子へとさっさとクラ替えをしていった。

そのへんのいきさつを噛んで含めるように説明したのだ。その老女、

「神さまに願掛けして生まれた子なのに、そんなことがあるのでしょうか……」

と、もう一つ腑《ふ》に落ちないようすである。そこで私は尋ねてみた。

「まことに聞きづらいことですが、結婚当初、ご主人との性交渉は、いったいどんなぐあいでしたか?」

「さて、月に二回ぐらいのものでしたか、あまり多くはなかったと思います」

「そうでしょうなあ」

と、私はうなずいた。つまり、新婚だというのにそんなに少ない回数しか性交しないとは、少しばかり情熱不足であり、妊娠する確率も低いと言わざるをえない。

というのも夫には、結婚する以前から性関係のある娘がいた。結婚後もその女性と、切れずに関係がつづいていた。新婚の妻との性交回数が少なかったというのも、夫は強精の持ち主ではなかったからだ。しかしやがて、その娘が結婚した。遠方へ立ち去る情熱の対象。ようやく夫にも女房の肉体に接する回数がふえ、めでたく妊娠という段取りになったのである。

子どもができたのはこの女性の場合、神さまのおかげでも、願掛けの効果でもなく、ただ性交の頻度がふえたせいであった。こういうことはしばしばある。なにかあると霊のお陰だとか、あるいはサワリ・タタリのせいだとさわぐ信心家もいるが、実際には、意外になんでもないことが少なくないのだ。

さて、問題の蛇の霊である。

——おい、見破られたからには、お前さんの負けだ。さあ、これからどうするつもりなんだ。

というと、

「ウーン、まいった。こうなれば仕方がない。元いた場所へ戻してくれ」

――ダメだダメだ。元のところへは戻れんぞ。どうするつもりだ。

「…………」

――よっぽど困っているようだな。それでは、どこかの霊系につながるよう、オレが力をつくしてみようか。どうする?

「そいつはありがたい。なんとか頭む」

私は必要な修法を施し、蛇霊を除いてしまったのである。

いま、四十近くなったその男、コロリと人が変わったように、小心で無口な性質になり、あるレストランでかたぎな店長をつとめている。

荒れ狂う群霊に崇られた私立学園

この話の発端は、かれこれ二十数年前にさかのぼる。

その日、早朝から私の周囲で空気がざわつき、落ち着かない。背筋にやりきれぬほどの寒さをゾクゾクと感じるうえ、なぜだかわからないが、かぞえきれぬほどの子どもの目玉が私を取り巻くのを覚える。

原因がつかめぬまま、時刻が移って正午を迎えるころ、足の裏がジーンとかゆくなってきた。こんなときは、かならず遠方からの来客があるか、または長距離電話がかかってくるのである。案の定、しばらくすると「ごめんください」と、客の声。初老の紳士とその奥さんである。疲れきったようすで、私の見たところ、まず三日ぐらいは眠っていない。

席に着いてもらったとたん、いきなり、私の口から機関銃のように言葉が飛び出してしまったのである。私の場合、なんにも話を聞かず、またなんにも考えないのに、勝手に言葉が出てしまうことがあるのだ。

――利益があがるはずなのに、あなたが経営している学校は損失の連続だ。外部からは叩かれるし、内側では争いやもめごとの連続、校舎は生徒にこわされ放題、女の先生は股火鉢、男の先生は勤務時間中というのに碁を打ったり将棋を指したり、あげくは教員室での乞食酒、教職員のほとんどが、その日暮れてめでたしの月給泥棒、生徒たちは授業中でも蜂の巣をつついたように騒ぎっぱなし、赤字が早くも一億円を超したとは、いったいどういうことだ。おまけに、あっちからもこっちからも脅かされ、学びの場、躾《しつけ》の場であるはずなのに争乱の土俵になってしまっている。お前さんたちは世間に悪をばらまく、落第経営者じゃないか。

蒼白な顔で、唖然《あぜん》としていたお二人は、ハラハラと涙を流したかと思うと、平伏して号泣しはじめた。私の口は、さらに言葉を吐き出す。

――校舎を建てたのはいいが、手抜き工事で二年たったら修理に五千万円もかかってしまった。悪気はなかったのだが、手違いとはいえ隣接する他人の田んぼまで埋め立て、そこにプールを造ってしまった。これが裁判沙汰になっているうえ、当初は共同出資者だった四人が敵にまわって、これまた訴訟を起こしている。買い込んだ土地五千坪も十筆以上の凶地になっている(二筆以上の土地は統計的にも凶とされている)うえ、売買の仲介をした業者が金銭を持ち逃げして売り主に渡っていないため、これも訴えられている。争っている訴訟ごとはかぞえきれぬほど。そもそも教育者たるものは毅然《きぜん》とした態度が必要なはずだが、あなたたちはまるっきり抜けガラ同然、警察に追われる犯罪者みたいにキョトキョトオドオドの明け暮れだ。さあ、あなたたちはなにしにきたっ!

初対面の人に向かって、まことに失礼な言い分だが、霊の働きで自然にしゃべらされてしまったのである。

「全部、おっしゃるとおりでございます。最初からゴタゴタつづきで、四年目のいまは極点に達しておりまして、きょうにも自殺してしまいたい心境です」

蚊の泣くような声でかきくどくところによると、かかえている裁判沙汰が二十五以上、裁判所通いがもっぱらの日常で、教育にはまったく力を入れられず、聖域であるはずの学校には毎日、債権者がとぐろを巻いている、という。

さて、原因を解明すると、次のようになる。

①五千坪の土地には、大昔からの諸霊が棲《す》んでいたのに、なんの諒承も得ず、人間と人間との契約だけで勝手に地面を占領してしまった。このため、先住の諸霊の行き場がなくなり、生徒にも祟《たた》る一方、職員たちの体にも取り憑いて、経営者に牙をむいている。

②以上の霊的現象が渦を巻いているのに呼応して、他の諸霊が学校敷地になだれ込み、さまざまな霊障害を起こして惨澹《さんたん》たる状態を生み出す。

③人間世界では何人か集まると派閥ができるが、霊界も同様、大小に群がる諸霊が幾十組にも分かれて主導権を奪い合い、火花を散らして争う。霊界を映したのが現界なのである。学校の内外で争い、もめごとが絶えないのは、そのためである。

④怒り狂った群霊の真っただ中に放り込まれた生徒たちこそ、いい迷惑である。学校でなにかの機会にアンケート調査をやったとき、登校すると「奇妙に怒りっぽくなる」「あばれたくなる」、逆に「憂鬱《ゆううつ》になる」などの答が圧倒的に多かった、という。

⑤凶事が次から次につづくのは、それなりの原因がある。というのは、一つの群霊の作用で現実にもめごとが起こったとしよう。すると、この動きに触発されて他の群霊が立ちあがり、「ようし、それならオレたちも負けずにやってやれ」と次の凶事を引き起こす。

こうして、次つぎと人心・人体に障害を生んだり、外部から訴訟などの凶事を導入するのである。

⑥まずいことに、ほとんどの生徒が水子霊にやられっ放し、ということだ。親のつくった罪を子どもがかぶっているわけだ。千八百人からいる在校生のほとんどが、水子霊の鑑札を背後に負って登校するのだから、学校としてもたまったものではない。ヤミからヤミに葬り去られた水子の怒り嘆きが爆発するのだから、校内が荒れるのも当然である。

もうムチャクチャの状態だったが、私の霊査によると解決法がないわけではなかった。そこで、霊的な処理法に精をだした結果、十年近くかかってしまったが、とにもかくにも現在は経営上でも隆盛で、校内も平穏である。

曾祖母霊が予告した母子相姦と家族崩壊

大変な方がきたものだ。

かたや会社社長とその令夫人、かたや銀行頭取とその内儀。それに、社長夫妻の〝ご令息〟と銀行頭取夫妻の〝ご令嬢〟である。

地方都市の地場企業と地方銀行とはいえ、その町では錚々《そうそう》たる名士とその子どもたち六人の来訪に、私は思わず緊張した。結婚についての相談である。

六人が私と対座する。

なかなかの壮観である。着ているものも上等だし、夫人は、ともにすごい値の張る高級な毛皮のコートを着ている。もっとも毛皮のコートを見せびらかすのは結構だが、私のところに祀《まつ》ってある神棚の前でもコートを脱ごうとさえしないのはどうしたものか。

私は苦笑しつつ、とにかく霊感透視だけはじっくりしてみる。驚いた。こんなことがあるのだろうか。私は呆《あき》れてポカンとした。

――せっかくですが、この際、私の結論から申しますと、この結婚は見合わせたほうがよろしいと思いいます。

私は急いでそれだけ言った。

「それはどういうことです」と社長夫人が聞く。

「私たちは家柄といい、経済事情といい、社会的地位といい、この両家ほどつり合いのとれた良縁はないと思っているんですよ。もちろん子どもたちにも問題はないし、手前どもの息子は一流大学をでています。久美子さん(仮名)も名門女子大を卒業された立派な女性ですよ」

社長夫人の声が金切り声になったもので、主人同士もなにを言うのかという顔をして急に私を睨《にら》みつけた。「だから、こんなところに来るんじゃなかった」という表情で、令息と令嬢もおたがい顔を見合わせている。

「私たちは、すでに結納《ゆいのう》も交わし、今年の秋には挙式の手はずも整えているんです」

今度は、頭取夫人が言った。母親としては無理もない焦燥《しょうそう》なのだろう。私ももちろん事情はわかるが、そう言われても私にはほかにどうという手立てもない。私たちはそのまましばらく睨み合うかたちとなった。

実は六人が私のところに来たのは、もともとこの人たちの意思ではない。この結婚を危ぶむ先祖霊が、私の前ですごい霊力をふりしぼり、必死になって、「私があなたを訪ねるよう仕向けたのだ」と語っている。

そもそもは、霊感透視をしていると、この先祖霊が私の前に現われ、次のような事情を語ったのである。なぜ私がはかばかしい返事ができなかったか。その先祖霊の話をかいつまんで述べると——新郎になる予定の男の父の会社が、実は一年もすると倒産し、その会社に、頭取権限で融資をしている新婦の父の銀行は金がこげつき、責任をとって頭取を辞任せざるをえなくなる。当の社長は、土地、屋敷も売り払い、夜逃げ同然にその町から出ていくことになって、新郎新婦も別れるというのである。

そのうえ社長の息子のほうは変態的で、母親が見守っていなければセックスができない。

私が思わず、「本当ですか」と先祖霊に問うたほど、それは重苦しい事実というべき話だ。

「まことにお恥ずかしい話ですが……」とその先祖霊が泣くのである。「この子を一流大学に入れてやりたいと思うあまり、母親は息子が性的欲望に気をとられては勉強も手につかないと、ある時期から、定期的にセックスの相手をするようになりましてね。いま、息子は、自分ではまだ気づきませんが、結婚してもおそらく母親なしでは、セックスもできないでしょう……。それに、母親はいつも、息子は一流大学を卒業したなどと言っていますが、実は地元の三流大学なんです。先祖の私は、ほんとに悲しくて……」

——すると、あなたは、息子さんのほうの先祖霊なのですか。

「ええ、息子の曾祖母にあたります」

——この人たちは、どうやらあなたが連れていらっしゃったのですね。

「はい。なんとかしていただきたくて」

——ところで、この両家の結婚がなぜダメなのですか。

「それは先ほど申しあげましたが、孫の家が倒産して、それから……」

——いや、そうではないでしょう。もっとほかに、原因があるのではないでしょうか。

私にはそう視《み》えますよ。

その曾祖母霊は、「ウーン」と言ったきり、それからは黙りこくってしまった。たたみ込んで、ぜひその理由を知りたい、そうでないとお望みの助言も私にはできないと言うと、しぶしぶながら事情を話し始めたが、その内容こそが、そもそも私を考え込ませたのだ。

少し長くなるが、それを記す。

この曾祖母は、一人っ子であったという。しかし家系を絶やさぬために、十六歳のときに金の力で養子を迎えることになった。ところが、いざ結婚して、子づくりに精をだしたのだが、なかなか子どもが生まれない。最初は、男の側に問題はなく、その曾祖母のほうが石女《うまずめ》でないかと疑われた。親も、子どもが生まれないのは娘が原因だととがめだて、半分は自分もあきらめていたという。

ところが、結婚して十年もすぎたころ、ひょっとして婿が〝種なし〟ではないかと疑問を持った父親の命令で、彼女は他の男と性交させられたという。

父の勘は見事に当たっていた。娘は妊娠し、やがて、無事男の子をもうけ、夫婦の間の子として育てたという。その系統が今の曾孫《そうそん》（ひまご）まで続いているわけだ。

ところが、霊界に入ってみると「養子のほうの先祖霊が、このことにたいへん腹を立て、いまの社長一家を破滅させるように、いろいろ企んでいる」というのである。

曾祖母霊としても、こうなった原因は、生前の自分の行ないにあるために、なんとか自分の罪業《ざいごう》を浄化し、その力で養子のほうの先祖霊に働きかけようと試みるのだが、霊界の掟《おきて》はきびしく、未だそれがかなわないという。

私は、「生きている子孫の人たちの応援はなかったのですか」と尋ねたが、悲しいかな、

「それがまったくなく、曾孫やら、嫁になる女性が、霊浄化に心を配ってくれれば私も力をだせるのに、それが先ほどのような状況で」と言って、激しくすすり泣き始めた。

「せめて、私の子孫のことは、私の因果《いんが》と思ってあきらめもつくが、相手の家まで破滅させるのはしのびない。いま、ここで二人を破談にすれば、もともと政略的な結婚なので銀行も融資の手を引くでしょう。いまならまだ、倒産に巻き込まれることもないと思って」

と泣くのである。

「いくら私が曾祖母の霊示で結婚は見合わせるようにと言っても、この人たちはいっこうに聞こうとしないのです」

以上がこの老婦人の霊の話であった。いくら私が強心臓でも、どうして当事者を前において全部をお話しできようか。

私が、曾祖母霊との交話を語らないもので、両家の親たちは、私が返答に窮《きゅう》していると思ったのだろう、社長夫人がなお急《せ》き込んで、

「どうなさったのですか。返答につまっていらっしゃるじゃないですか。どうせデタラメをおっしゃっているから、答えようもないのでしょう。下手《へた》なことを言って、世間を惑《まど》わさないでくださいな。私たちは、あなたを見破ったからよかったものの、ほかの人なら、あなたを信じてしまうところですよ」

まさにこんなところに長居は無用、もう、帰りましょうという按配《あんばい》で、六人がいっせい

に立ち上がり、灰神楽《はいかぐら》が舞うような勢いで畳を蹴って出ていった。

コートもとらず、挨拶もせず。だが、こんなとき、はたして私はなんと言ったらよいものだろうか。私は、なおもしばらくは、そこに呆然《ぼうぜん》として座っていたのである。

たしかにこの世ほどいろいろな修羅場《しゅらば》に充ちたところはない。しかも、こうして文章になら書けるけれど、とても口にしては語れぬこと、それを私たちは秘めたまま、みすみす悲劇のなかに沈んでゆくこともある。

怨霊の群れに取り巻かれた再婚夫婦

家庭内が暗く、ゴタゴタが絶えない、小さな事業を経営しているが、最近はどうも思わしくないがどうしてだろうか、どうすればいいのだろうという相談で、ある年の暮れ、母娘の二人連れが私の自宅を訪問された。

だが、とにかくその二人の仲の悪いこと。私とは初対面でしかも面接中だというのに、私の目の前でことごとにいがみ合う。こちらは、たまったものではない。どうやら、いわゆる〝なさぬ仲〟の関係にあるようだ。じっと話を聞いているうち、いろいろなものがだんだん視《み》えてきた。それを列挙していこう。

①まず初めに、いがみ合う二人の背後霊、四十歳にはなっていないと思われる女性の霊姿が浮かんでいる。やつれて、生活に疲れ果てたようすがありありと視える。実はその娘さんの、いまは亡き実母なのだ。わが娘かわいさの念がこもっているが、もう一つ、別の執念がある。恋しい主人を寝盗られた女の無念の想いがこもる。このからまり合った霊念のため、なさぬ仲の母娘に争いが絶えないのである。もちろん、現在の夫婦仲も、うまくいっているはずがない。拙宅を訪問された母親は五十歳、なかなか気の強い性格で、事業経営上の実態からいえば、この奥さんのほうが社長格で、夫のほうは専務的な存在、これに娘さんが加わって常務格といったところらしい。

と考えているうち、母親のほうにも霊姿が浮かんでいるのに気づいた。

②こちらは、男性の霊である。まちがいなく母親の亡夫であり、きつい目つきで元女房どのを睨《にら》んでいる。つまり、妻に死なれた男と、夫に先立たれた女が一緒になって現在の夫婦ができあがったというわけである。

ここまできて、私の霊感がだんだんと強く働きはじめた。

③先代、先々代とも、凝り固まったような信心の持ち主で、〝魂迎《たまむか》え〟もしているようだ。
④さらに、この夫婦、というより妻のほうが別のところから魂を迎えて祭祀している。
こうして新旧両派に分かれた魂たちが勢力争いをつづけている姿も、ありありとうかがえる。
⑤屋敷もよくない。没落した人から古い屋敷を買い込んだのであろう。さらに悪いことには、むやみやたらと建て増しをやったらしく、旧屋と新屋が霊視のなかに浮かんでくる。つぎはぎだらけの屋敷である。
⑥つづいて墓が視えはじめた。墓相を眺めると、これはもう凶墓としか言いようがない。
⑦次に、先々代ごろ祀られたものらしい神棚が視えるが、これもまたひどいことに、あばら家同然の荒れようだ。心貧しい魂たちしか住んでいない感じが強く働く。
⑧仏壇はどうだろう？　と問いかけてみる。と、やがて視えはじめたのは、思わずゾッとするようなしろものだった。小型なのはもちろん我慢するとして、呆れるほどに荒れているうえ、ガタガタになってしまっている。内部も無信心きわまる状態だ。ホコリをかぶったまま放置され、寒ざむとした荒廃の心象が迫ってくる。
ざっとあげただけでも、これだけある。私もずいぶんいろいろ霊視をしてきたが、悪い事実がこんなに重なっている例はめずらしいのである。

呆れていても仕方がないから、以上の八項目について簡単に要約しながら、その恐ろしい霊因を説明していった。

①先妻の亡霊は、わが子かわいさと、ご主人への未練で悶《もだ》えている。後妻の肉体を抱いて歓びの声をあげさせる夫も恨めしいし、その夫を受け入れる後妻も憎らしい。こうした怨念が充満して争い、もめごとを引き起こしているのだ。さらにはものの別れが続出するうえ、身体の障害や神経の異常を招く恐れがきわめて強い。家庭内の空気も暗く沈んでしまうのである。

②亡夫のほうは、他の男にわが女房を抱かれるくやしさで、間男《まおとこ》されているかのような霊念に充ちている。これが①に加わって、突発的な事故、障害が起こりそうである。

③先代、先々代の信心の対象物が不始末のまま放置されているということは、経済的にも大きなマイナスで、よそからの迫害も受けやすくしている。騙《だま》されてひどい目にあったり、他人の世話をしてやっても恩を仇《あだ》で返されることになる。躁鬱《そううつ》症とか心身症を招くことも少なくない。

④当代が新しく迎えた魂との間に新旧の勢力争いが生ずるのは当然のこと。まるで精神異常者にマッチを持たせたような事態を招いているのだから、さぞかし大変なことであろう。当代が新たに祭祀して以来、面倒なことが続出して困っているようなことはないだろ

うか。

あまり大きな声では言えないが、霊の世界の専門家たちも、その家庭の実情をよく調べたうえで自分の信奉《しんぽう》するご本尊とやらを分霊すべきなのである。夜店のバナナの叩き売りではあるまいし、見さかいなしに配給されたのでは分霊にとっても迷惑な話なのである。
⑤没落した人の持ち物だった旧屋には、先住者の因縁が残っている。衣服を例にとってもわかるはずだが、他人の着ていた衣服を着用すると、おそらくなじめぬ異臭を感じることだろう。古い家には、他人さまの霊因や因縁が残っている場合が多く、さまざまな形でタタリを招く。
⑥だれでも凶墓を抱えていては、生活の向上も精神面でのバランスのよさも、とてもじゃないが望めない。いくら生活向上に全力投球し、信心にこれつとめても、墓を持たず、持っても凶墓だとしたら、すべては無駄である。現実生活のうえでは、墓こそ基本なのだということを、ぜひとも心に留めておいていただきたい。
これは一般的にもよく耳にすることだが、「自分たちは分家の初代だから仏様はいない。だから墓はいらない」という人がいる。私に言わせれば、これは間違いである。

「それでは、あなたはどこから生まれてきた？　木の股からではあるまい。ご先祖さまの存在を常に意識すべきだ」と専門家には説得される。「なるほど」と感心し、指導を受けて墓を建てる。それはいいが、なかにはこれがとんでもない凶墓だった、という例もある。やはり注意すべきであろう。

私の知人の一人だが、ああでもない、こうでもないと、墓の建て直しをくり返し、ついに四カ所に墓地を持ってしまった。とたんに没落し、貧乏のドン底に落ちてしまった。余談だが、長期にわたってどうも調子が悪いという人は、お墓に注意する必要がある。

⑦神棚がこのありさまでは、まったく話にならない。いわゆるサワリ・タタリの根元となり、障害が続出することまず間違いなし。こんなことなら、むしろ神棚がないほうがよい。

⑧荒れつくした仏壇にいたっては、開いた口がふさがらない。言うことなし、といきたいところだが、そうもいかないので、⑦⑧をひっくるめて付け加えると、この状態はかならず他人霊の居すわりを招く。それも、程度の悪い乞食霊たちの溜まり場となる。恐るべき話だが事実、この家ではすでにそうなっているのである。

以上が、この母娘の家庭の実態であるが、正直のところ、さすがの私も呆れ返ってしまった。どこからどう手をつけるか、すっかり考え込んだものである。

ともかく一つひとつ是正していくほかないが、ずいぶん時間がかかることであろう。

根っからの悪党には凶霊が憑いていた

「その男は人間ではないぞ、お前たちは家族の一員と思っているが、そもそも、われわれは最初から子孫だとは考えておらん。あんな男は放り出してしまえ」──

その一家のご先祖さまの霊たちが一致して、こうお告げになり、口ぐちに追放を命令された例がある。こういうことは珍しいが、時たま起こることがあるのだ。

さて、それは、さんざっぱら悪いことをやってのけ、あげくの果てに蒸発してしまった次男を心配し、やつれきった母親が私を訪ねてきた日のことであった。

いきなり、私の耳に浄霊の声が聞こえてきたのである。浄霊とは、死後の霊幽界で精進《しょうじん》につとめ、霊界でも格の高い地位にある霊のことをいう。

「問題の息子には、八代前の先祖の魂が憑いておりますよ」

──凶霊でしょうか？

と、私が聞き返す。

「そうです、魂消《たまけ》しにあうような不幸な男でございまして、生前は悪事の限りをつくし、こちら（霊幽界）へまいりましても、おのれを戒《いまし》め、反省し、精進につとめるなど殊勝《しゅしょう》なことは一切やらず、今日まで過ごしてきたわけでございます」

〝魂消し〟というのは、霊界から不届ききわまる霊魂を追い出してしまうことを意味する言葉である。凶霊を、いわば村八分にして追放する霊界の処罰なのである。

——なるほど、それでよくわかりました。申しわけございませんが、本人の母親が私の言葉を待っておりますので、しばらくお待ちいただいて、あらためてご教示ください。

「どうぞ、どうぞ……」

浄霊のおゆるしをいただいたうえで、私は向きなおった。こんどは、私と母親との問答である。

——ところで鈴木さん（仮名）、息子さんは少年時代はおとなしくて、だれからも好かれていましたね。

「はい、次男は和男（仮名）と申しますが、主人も長男よりかわいがり、中学生のころには、オレの跡継ぎはこの子だ、と言ってまわるようなありさまでした。それなのに、いまはこんなことになりまして、まことに恥ずかしいことでございます」

——そのようですね。それでは霊感で得た私の考えを申しましょう。間違っていたら訂正してください。

それから、私の感じたことを、次つぎと話していった。

成長するにつれ、兄と違って学業の成績は悪くなり、集中力も散漫、それに盗癖もうかがえる。病的なほど贅沢《ぜいたく》品を欲しがり、ひどい吃音だが、大ボラを吹く。ふわふわと落ち着きがなく夢想型で、できもしないのに高望みをする。異常なほど短気で、感情がたかぶって怒声をあげたり、あるいは逆に笑うときなど、まるで動物のように「ウォンウォン」と聞こえるような声を出す。

母親は、真っ青になって、

「おっしゃるとおりです」

私は、霊感にしたがいながら、さらに言葉をつづけた。

ある娘との結婚を認めろと、脅迫的にあなた方ご両親に迫ったことがありましたね。本人はなんの蓄えもないので結婚式や披露宴の費用はすべて親がかり。そこまでは、まだいいとして、披露宴が終わる間際になって、「落としたのか盗まれたのか、はっきりわからんが、とにかく新婚旅行の費用をなくしてしまった」と言い出す始末。びっくりした両親や友人たちが金をかき集め、どうやらこうやら旅行に送り出した。

そんなにまでして結婚しておきながら、新妻はそっちのけで相変わらずの女狂いはやむどころか、ますますひどくなる一方。詐欺《さぎ》的行為は連続してやりつづけるし、サラリー・ローンを借りまくって、両親はその尻ぬぐいに四苦八苦だ。とどのつまりは、とうとう本式の詐欺事件を引き起こし、民事・刑事の両面で訴えられてしまった。

——悪事露見の結果、とうとう警察に追われる身となり、蒸発してしまって、ただいまは行方不明ということでしょう？

「そうです、私たちは、いっそ死んでくれたほうがいいとまで思っております」

――とんでもない。死ぬどころか、ちゃっかり新しい女をつかまえ、名を変えて一緒に住んでいるとしか、私には思えませんがね。

「ええ、どうせそんなことだろうとは思っておりました。どうしようもない息子でございます……」

――それはそうとして、いったい私にどうしろとおっしゃるのですか？

「こういうことになったのは、なにか原因があるのじゃないかと思いまして……」

――つまり、サワリとか、タタリとかのせいではないか、というわけですね。

そこで私は、人間の出生には宿命的なものがあること。生年月日と生まれた時刻で運命がある程度決まってしまう――つまり、乱暴な言い方をすれば、一定の仕組みの枠に組み込まれてしまうこと。たとえば、不得手なことは、どこまでやっても上手《じょうず》にはならず、得手なことがらは特に努力しなくても、そこそこ巧みにやってのけることができる。そういうわけで、一人ひとりが生まれた時から、いわゆる〝持って生まれたもの〟を身につけているのだ。

そのあたりの事情をくわしく説明したのち、浄霊のお告げのとおり、霊因のよってきたる所以《ゆえん》に話を移したのである。

――この次男の方には、八代前、そうですね、約二百五十年ほど前のご先祖の魂が、因縁として背後に憑いておりますね。父方のご先祖ですが、この魂の持ち主は、生前、悪の限りをやりつくしておられますね。

「ははあ、たとえば石川五右衛門みたいな人でしょうか……？」

――いえ、五右衛門の場合は、実はやむにやまれぬ事情があって、いわば公務の形でやったことが多い。しかし、この八代前のご先祖の場合、まったくの私利私欲から出た悪事で、それも目も当てられぬほどひどいことをやっておられますね。

ギョッとなった母親は、言葉も出ないようす。少しばかり残酷な感じもしたが、言うことだけは言ってしまわないと踏んぎりがつくまいと思い定めて、私は言った。

――他人の女を強奪してくる、近所の女房は寝盗る、行きずりの娘を押さえ込んで強姦する、つまり、女と見れば手当たり次第に性関係を迫らないとおさまらない。それだけではなく、善良な農民を集めて、言葉巧みに財物をまきあげ、翌日にはドロンしてしまう。信心深い十数人を集めてたぶらかし、いまの金額でいえば二百万円余りを騙し取ったこともある。

舌先三寸の詐欺や盗みで、一夜にして千両箱を手にし、ドンチャン騒ぎの大散財をやったことは何回もある。あやしげな神のお札を、〝神霊璽《しんれいじ》〟と称して無知な人びとに法外な値で売りつけ、大金を騙し取ったこともある。これなど、神の名を地面に引きずり落とす行為で、神霊の世界では絶対にゆるせぬ出来事です。

あまりのことに、母親は脂汗を流し、苦悶する表情は正視に堪えない。

「その八代前の方がなさったことを、私どもの次男は、そっくりそのままやっております。ほんとに恐ろしいことで……」

ここで私は、言うべきかどうか迷う心を取り直し、思いきって話したのである。

——ご先祖さまが、こもごもに言っておられることなんですが、お聞きになりたければ申しあげます。実は、この者は人間じゃない、この者をお前たちは家族の一員だと思って、あわれみ、恐れ、不安にかられ、なんとか立ち直って昔のかわいい子に返ってほしい、と願っている。だが、われわれ先祖は、この者をわが家系の一員として認めていない、とおっしゃっております。お前たちも早々にあきらめて、気持ちが楽になるよう、われわれ先祖は望んでいる。要するに、家族と思ってはいけない、放り出してしまえ、というのがご先祖たちの霊のご意向のようですよ。

「では、あきらめろ、ということなのでしょうか」

——そのとおりです。この人にたいしては、どんなに心をくばっても、何をして助けてやっても、まったく無駄だということです。あなた方が、手をさしのべればさしのべるほど、ますます悪くなっていくのです。あきらめることです。

私も涙が出そうになったが、やはり、こういう場合はやむをえない。しおしおと、やせた背を見せて立ち去る母親を見送って、なんと因果な仕事であることかと、われとわが身を嘆いたものであった。

霊感師志望者をたぶらかした一匹狼の背後霊

「私は霊界からの声を聞くこともできるし、霊も視《み》える。霊感師として世に出たい」といって、私のところに弟子入りを申し込んでくる人が少なからずいる。ある日、なんの予告もなしに訪れてきた某氏もその一人である。だいたい、この手の人はなんの前ぶれもなく、突然訪ねてくるのも共通している。

この人はたまたま、〝霊感〟が当たることがあったのだろう。本人も自分の体験を得々とした表情で語る。ああ、またかと思ったが、私は「これも相談ごと」と、黙ってお相手することにした。

その修行志願者に、いままで、どんな霊聴、霊視があり、そうした〝霊言〟がいったいどんな結果になったかを、いちいち詳しく聞き質してみた。小さな事柄ではたしかに一、二当たることもあったようだ。しかし、全体的にみると確率は低く、というより、ほとんどは霊聴、霊視も間違いであり、妄想かなにか知らないが、本人が勝手につくり上げた嘘の皮なのである。

私は、この部の冒頭で、だれにでも〝霊感能力〟はあると述べた。〝虫の知らせ〟などはその一種であり、このこと自体は間違いではない。ただ、これらは霊界からの知らせではなく、その一段下の幽界からの作用にすぎないのである。それでも当たることはもちろんあるのだが。

だから、本人だけの範囲でおさめている一般の素人《しろうと》はそれで構わないのだが、少なくとも「霊感師として世に出たい」という人が、〝虫の知らせ〟程度で「私には霊感があります」とか「霊媒ができます」などというのは、文字どおり〝虫が好《よ》すぎる〟のである。

くだんの弟子入り志望者がまさしく、その口であった。この程度の人が「霊感師」などと名乗って、霊示や霊言などをすると、本人はともかく、それを信じた人はやはりたいへんな迷惑である。いや、迷惑どころか、おおいに害をなすであろう。

霊幽界の仕組みについては前著『霊は生きている』で説明してあるので、ここではあらためて触れないが、大別して神仏界―幽界―現界となっていることはご承知であろう。多くの霊感師志望の人は、私たち人間の隣り合わせに存在する幽界からの通信を、霊界からのものと勘違いしているのである。

いいや、通信というよりは、幽界に棲《す》む鬼どもにあやつられ、酷使されている状態というべきであろう。本人には気の毒だが、そうした幽鬼たちから障害を受けていると考えたほうがよい。

幽界というのは、俗に仏教でいう地獄の世界のことで、餓鬼などが棲む迷いの世界である。まだ生前の現界の生活が忘れきれず、未練や執念で凝り固まった連中が棲む世界なのだ。私を訪ねてきた某氏も、この世界の連中と波長が合ったのだろう。

私のところにくる霊感師志望のなかでは、この某氏は素直な感じで、まだそれほど障害を受けているようには見えなかった。以下は某氏との問答である。

――あなたは霊感師になりたいとのことですが、十分にその能力がありますか。自分のめざすことが達成されていますか。

「いいえ、気持ちを集中し、熱心にやってみるのですが、思うようにいきません。たしかに、先生のおっしゃるように、霊界からの通信ではないように思います」

――そうでしょう。そればかりか、身辺にいろいろ災いがあるでしょう。あまり人間関係もうまくいっていないのではありませんか。

「ええ、おっしゃるとおりです。どうしたらよいのでしょうか」

――率直に言えば、霊感師になんかなろうと思わないことです。あなたが霊感を磨こうと意欲をもやしたり、念を集中したりすると、しめたとばかり、幽界に棲む連中が、あなたの肉体を占領するでしょう。ですから、霊感があるなどといって、人に言いふらして歩くと、ますます大変なことなりますよ。

霊感師になりたいというのに、私からそれはやめなさいと言われて、当人は少々不満顔である。正直な人柄のようだし、私も多少気の毒に思ったので柔らかい口調で答えた。

――ちょっと言い過ぎましたかね。しかし、誤解なさらないでください。ご自分のひらめきとか直感などは、大切にしなければなりませんし、注意深くなら、あなたのおっしゃる〝霊感〟を有効に利用する方法もあると思います。しかし、あなたはいままで人さまにあれこれと霊感的な言辞を吐かれたと思いますが、的中率が低い。それに、言いっぱなしでそれらの処理法がない。それができないと、結局、あなたは信用をなくしてしまいます。それでは霊感師とはいえません。もし霊的なものを感じても、自分だけのものとしておさめておくのが賢明ですよ。

こう諭《さと》してわかってもらおうとしたのだが、某氏は、私の話を意外な方向に発展させた。

「しばらくそうやっていれば、だんだんと本物の霊感がわいてくるのですか?」

と聞く。私は、もうこれ以上どんな説明をしても無駄だと思い、相談はそこで打ち切ってしまった。

というのは、この人の背後霊の一つが私の目に映りだしたからである。この人をあくまで霊感師にするよう執着し、あおっている背後霊がいる。どこかの宗教団体に属していたある霊が、仲間はずれにされたのか、あるいは制裁されたのか、いずれにしろ、あまりたちのよくない〝浮浪霊〟がこの人に憑いている。

私も最初は、この霊が視《み》えなかった。できるだけ、姿を見せないようにしていたのだろう。そういう手練手管《てれんてくだ》を使えるところをみると、霊媒師とか教祖などに従属していた霊に違いない。それがなにかの事情で一匹狼となってしまい、能力もないのに霊感師になろうという、ちょっと自惚《うぬぼ》れの強いこの人の背後に憑き、仮の住居としているのだろう。

この人が霊媒師となって、世の中を惑わしてくれればしめたもの、それで霊の世界にのさばろうというのが、この霊の狙いなのであろう。

あるいは、それでもダメなら、この人の肉体をむしばんで、現界の世間から嘲《あざけ》りと冷笑をあびせられるような人間に仕立てあげ、そこで「ハイ、サヨウナラ」と立ち去っていくつもりであろう。

不浄な浮浪霊のもつ、現界たぶらかし現象の一つである。

第二部◎悪霊から身を守るための実践学

第一部では現実として起こった事例を述べてみたが、
これからは視点を切り替えて、それではどうすれば
悪霊の魔手から逃れられるかを考えてみたい。
そのためにまず、霊幽界の仕組み、構造を解説し、
さらには歴史的成り立ちにまで筆を進めてみたい。
不可思議な霊幽界、未知の世界にあなたをご招待しよう。

第一章◎幽界・霊界・神仏界、その大いなる秘密

幽界、霊界、神仏の世界を認識する

見えず聞こえず、触れることのできない世界

私たちは、目では見えず、耳では聞こえず、手でもつかめぬ世界を心霊学的に追究しようとしているわけだから、たいへん困難な仕事だということは、最初からわかっている。しかし、霊幽界を追究することなしには、すなわち霊幽界の仕組みと私たちが生きて暮らしている現界との関係を見きわめることなしには、私たちの人生も豊かに実り多いものとはならない。これも、はっきりした事実である。

これまでの宗教各派の信心・信仰のなかには間違っているものが多く、それに従っていると、現実に私たちの生活はうまくいかない。

もし、従来の信心や信仰が間違っていなければ、ほとんどの日本人、少なくとも信心や信仰の生活を送っている人たちは満足のいく生活状態になっていなければならないはずだが、それがかならずしもそうではない。

たとえば、経済的には楽な状態にはなったが夫婦仲が悪くなってしまったとか、親子の

争いが毎日絶えないとか、生活のバランスが崩れてしまっている例がきわめて多い。これでは、かりに毎月百万円の収入があったとしても、生活の全体を見わたすと問題が日夜残っていくわけだ。しこりが、だんだん大きくなりながら蓄積されていく。

霊障をもたらしていた一つの霊が、信心、信仰、回向《えこう》、供養などで離れ、それによって経済的には向上できたとしても、別の面でよくない現象が出てくる。サワリ・タタリをもちこんでいた恵まれぬ霊が離れたといっても、それは一時的なことで、しばらくたつと舞い戻ってきて、こんどは別の形であなたをより強力に攻撃してくる。

ただ、こういうことを言っても、目には見えず、手にも触れられぬ世界のことだから、たぶんチンプンカンプンで、さっぱり訳のわからぬ人も多いと思う。説明しようとする私にとっても、実はうまく説明しきれないもどかしさがあるし、あなたにも、わかったようでわからぬ部分がついてまわると思う。

しかし、ここは一つ、幽界、霊界、神仏の世界について、しっかりした認識を持っていただきたい。それなしに、毎日の生活を正しく送ることはできないと信ずるからである。

幽界と霊界を混同してはいけない

心霊学を研究する専門家、いわゆるその道のプロは、現界から神霊の世界までを全部で二十七界に分けている。だが、ややこしく細分化してみても、理解がますます面倒になるだけのことなので、ここでは、現界・幽界・霊界・神仏界と四つだけに分けておく。わざわざ二十七にも分けるより、この四つの区別で十分だと私は考えている。

霊感とか祈祷を専門にしている人たちのなかでも、幽界と霊界をごちゃまぜにしている人が少なくない。幽霊を見たとか、火の魂《たま》を見たなどというと、すぐさまそれを霊界の現象だと説明するプロがいるが、それは間違いで、幽界と霊界とはきびしく区別すべきである。四つの世界の区別、これをまず頭のなかにしっかり叩き込んでいただきたい。

それがプラス面をもたらそうと、マイナス面のみが目立とうと、私たちの毎日の生活をあやつり、影響をおよぼし、一生を通じて最も密接な縁を結ぶのは、この霊界と幽界なのである。生まれてから息を引き取る瞬間まで、私たちは幽界と霊界という世界の〝あやつり人形〟にすぎない、といっても過言ではない。

では、この肉体が消滅したら、つまり私たちがあの世に行ったら、それまで私たちをあやつっていた幽界や霊界の方たちと縁が切れるのかというと、けっしてそうではない。

現界でつながりのあった霊体、幽体とは、死んであの世へ移っても、つながりが保たれていく例が非常に多い。何百年もそういう関係がつづいていることさえ少なくない。

仮にあなたに憑《つ》いていた霊体、幽体が現世で、あなたにマイナスしかもたらさなかったとしても、とにかく六十年も七十年もあなたとつき合ってきたわけだから、執念もあれば、一種の人情にも似た〝霊幽の情〟というものもある。簡単に離れてくれるわけがない。あなたが幽界へ移っても、マイナスの霊幽は、ますますあなたをマイナス方向へこき使うことであろう。私がかつて霊査して得た一例では、死後五百年たったのちでも、なおかつ幽界の化け物にこき使われているという肌寒い話もある。

真の成仏とは果たしてどういうことか

たいていの人は、あの人は死んで三回忌も終わったから、あるいは七回忌、十三回忌も終わったから成仏《じょうぶつ》しているだろう、などと簡単に考えがちだが、なかなかそうはいかない。百年たっても成仏していない例がごろごろある。向こうの世界へ移っても、現世で一生あやつられてきた霊幽に、なお激しくこき使われている場合は、何十年たとうと成仏できていない。

ここで成仏ということの意味を述べておこう。常識的には、読んで字のごとく、仏に成った、ということなのであろうが、現世で昨日まで肉体を持って生きていた者が、今日いきなり向こうのあの世へ移ったとして、たちまち観音《かんのん》になれるわけでも菩薩《ぼさつ》になるわけでもない。結論を言えば、成仏とは極楽に行って生活しているかどうかで決まってくる。極楽で霊界生活を送り、修行にはげんでいるかどうか、ということである。

あなたの先祖、先亡霊が一所懸命に修行して極楽へ行こう、成仏しようと願い、努力していたとしても、生前から身辺につきまとい、こき使っていた霊幽が、そのままくっついていたなら、まず絶対に成仏できないであろう。

十三回忌をすませたから、三十何回忌を終えたから、などと規定どおりのお祀《まつ》りをやっておけば成仏している、というのは誤りもはなはだしい。

亡くなった本人の霊魂は、あの世で修行につとめ、さわやかな霊界生活を営み、極楽へ入って成仏したいと思っても、生前からあやつっていた霊幽が邪魔をして、なかなか思うにまかせない。そうなると、邪魔された霊魂は前進することができないから、あとずさりせざるをえない。あともどりする先はどこかといえば、子孫のあなたの体であり、家、屋敷や墓ということになる。そして、あなたに、なんとか助けてくれ、救ってくれ、こうしてくれ……と哀訴嘆願《あいそたんがん》するようになる。これが、あなたに、さまざまな霊障としてはね返ってしまう。

ご先祖さまが、まさか子孫の私たちに悪いサワリを持ってくるわけがない――と思うのが普通である。ところが、先祖自身が霊界・幽界で動物霊などに痛めつけられている場合、苦しまぎれに頼ってくるのである。

また、そういう先祖に、あなたがいくら願いごとをしても効果はない。先祖自体がにっちもさっちもいかないのだから。

もし、祈祷師が、あなたの何代前の先祖さんにおすがりしなさい、と言ったとしようか。ところが、その先祖が動物霊に憑かれっ放しで、ヘトヘトになっていたりしたら、いくらあなたが「般若心経」を唱えたり、百万遍の願いごとをしたとしても、まったく無駄なのである。肝心の先祖自体が困りはてているのだから、効き目があるどころか、あなたの状態はますます悪くなる一方であろう。娘や息子の問題で手を焼くとか、夫婦仲が悪くてケンカが絶えない、あるいは嫁と姑がしっくりしない、金銭上の難問が押し寄せてくる……等々、身辺のざわめきがひどくなる。これらのことは、霊幽界であなたの先祖が、動物霊などに痛めつけられていることに起因する場合が、実に多い。

俗に、下手《へた》な鉄砲も数撃てばあたる——と言うが、一羽の小さな雀に向かって、散弾銃で何発もぶっ放す。たまにはあたるかもしれないが、一発で一羽に命中させるほうが、当然いいにきまっている。

あっちを信心し、こっちも信仰する。満身創痍《まんしんそうい》、身も心も傷だらけになった結巣、雀の涙ほどの御利益《ごりやく》をいただくのでは、これはあまり結構とはいえない。そのうえ、霊障のほうは一時的に多少は弱まったとはいえ、相変わらず憑きっぱなし。これでは、たちまち元の状態に戻っってしまう。

これは、従来の信心・信仰の大半が間違っているからだ。ものの見方がズレているから、逆に霊幽界の抵抗、嘲笑《ちょうしょう》が私たちの身辺にかもし出され、かんばしくない雰囲気に包まれてしまうのである。

世間ではしばしば、あなたには何々神、何菩薩、なんとか観音がついておられるから大丈夫だとか、守護神をつけてあげたから、今後は良いことばかりだとか、簡単に宣言する拝み屋さんがいるが、あまり信用しないほうが無難である。観音や菩薩、あるいは格の高い神さまが、常時、あなたの身辺に付き添ってくれるなどということは、めったにあることではない。そんな軽いものではないのだ。

もっとも、上位にある神仏界の方が、もし常時あなたについていてくれるなら、さわやかで、明るい霊気が常にあなたの身辺に流れ込んでくるはずだ。なごやかで、何をやっても成功し、毎日毎日がさわやかな二十四時間であるはずである。ところが、ほとんどの人がそうではない。喜びがあったら、すぐ悲しい困りごとがやってくるし、イライラしたり、沈み込んだり、変動・起伏が多いものである。神仏界の慈悲《じひ》や力、正しく清い世界の霊力が、常に流れ込んできてはいない証拠である。

やたらな神詣では危険を招く

いろいろな信仰団体や祈祷師たちが、ありがたい御霊だと、授けてくれる。それをいただいて家でお祀りする。あなたは神仏界の方をお迎えしたと思い込んで日夜拝むわけだか、まず、十中八か九は、神仏界の霊ではなく、格のさがる幽界の霊が迎えこまれている。一段上の霊界のおもたまが来られていることさえ、めったにない。私たちの現実の世界を邪魔しがちな、力の乏しい幽界のみたまを迎えて、ある意味では幽霊に向かって一所懸命にお願いしたり、拝んだりしていることになる。

では、どうすればいいか、ということだが、その前にはっきり覚えておいていただきたいのは、神仏界にはそう簡単には私たちの想いは通じないということである。

神社や有名寺院、霊場などに何百回参詣しても、まず神仏界には通じはしない。仮に応待してくれるとしても、せいぜい幽界の世界のものにすぎない。棲《す》みつく場所が見つからずにウロウロしている失業霊が、「ちょうどいい、オレが行ってやろう」とついてくることが少なくない。こうなると、その日からあなたは幽霊に似たものと仲好しクラブをつくることになってしまう。神仏界と幽界との中間に位置する霊界の方がたは、なんとかあなたの禍《わざわ》いをなくそうと努力する一方、自分自身も向上につとめ、修行を積んで神仏界へ近づこうとしているため、これまた、めったなことでは腰をあげてはくれない。

だから私は、むやみに神社や寺院へ行って、我利我欲の願いごとをしたり、ムシの好《よ》い願いをこめて拝んだりするな、と警告するのである。

幽界の霊は、恵まれていないもの、時には自分が死んでしまって肉体を失っていることさえ気づかぬものがいる。現界の人間の肉体にすさまじい執着を持っている。用心するに越したことはない。

人間の幽体が霊波と合致する理由

現界、幽界、霊界、神仏界と、この四つの関係がうまく結べてこそ、現界に生きる私たちに幸せな生活がもたらされるのだが、神仏界との交流は、何度も言うように、なかなかむずかしい。この世界に通ずるためには、何が邪魔になるかというと、不安・動揺、怒り、いらだちがもっとももよろしくない。六根清浄の救えを常に忘れないことである。

いろいろな信仰団体が、とにもかくにも、一心に拝め、お経なり、祝詞《のりと》を常に唱えろ――と強調しているが、私に言わせると、たとえば「般若心経」を百万遍読んだって、六根清浄《ろっこんしょうじょう》を忘れたら、なんの効果もありはしない。極端に表現すれば、信心も信仰も祈祷も、いっさい無用なのである。

わかりやすく図式的に表現すると、私たちの肉体のもっとも内側が神仏界と通じうる本体だとすれば、その外側が霊体、さらに外側が幽体、そして次にそれらを包んでいるのが肉体だと考えてもよろしい。

人間の一人ひとりが神仏界に通ずる本体、やがては神仏になりうる素材であるものを持っている。間違いなく、一人ひとりが神の子であり仏の子であって、神仏界につながりがあってこそ、この世に生まれてきたわけだ。祈らず、拝まず、願わず、信心・信仰をせずとも、もともと神仏界につながる要素を持って生まれたのである。ことさら、神や仏を拝まずとも、神仏の力、慈悲ある世界を抱いて現界に生きているのだ。

神仏界の仕組みによってこの世に送り込まれた以上は、この肉体もかならず神仏に通ずるものである。ここまでなら、人間は素晴らしい存在なのだが、同時にあなたは幽体も持っているし、さまざまな欲望の源である肉体というものもある。

神仏界、霊界、幽界の三界と私たちは関係を結ぶわけだが、悲しいかな、私たちの幽体は幽界と霊波が合致しやすい。欲望を生み出す肉体もまた、幽界の霊の棲み家となりやすいのである。

この幽体を薄れさせ、肉体の欲望をおさえようとして、行者《ぎょうじゃ》などは滝行や断食《だんじき》、座禅などの荒行《あらぎょう》をやるわけだ。自分の霊性を高め昇華《しょうか》させるうえで邪魔になる幽体と肉体を、なんとかしようとして行者ははげむのだが、そんなことによって幽体が薄れたとしても、元に戻るのは時間の問題である。肉体を持つ以上、本体、霊体、幽体は強弱こそあれ、消滅させてしまうことは不可能なのである。

ついでに言っておくと、幽霊を見たとか、火の魂《たま》が見えた、などという話がよくあるが、これらはみんな幽体から発した現象なのである。

背後霊には意外な効用がある

さて、神仏界と通じ、その霊気を受けて素晴らしい人生を送るためには、まずもって六根清浄の心がまえ、生活態度が大切だ、と述べた。そのうえでもう一つ必要なのは、それぞれの守護霊の仲介というか、とりなしがなければならない。守護霊が動いてくれなければ神仏界には通じないという厳しい掟《おきて》、あるいは手続き、仕組みがある。したがって、あなたはかけがえのない守護霊を絶対に大切にしなければならない。神仏界と交流するためには、まず守護霊と密接に交流していなければダメなのである。

守護霊は、それぞれの先祖の一人であると同時に、間違いなく霊界に籍がある。背後霊や憑依霊とは違って、幽界の世界の守護霊はいない。たとえ、その人がどんなに人生のどん底を歩いていても、守護霊は間違いなく霊界にいる先祖なのである。

ただ守護霊にも霊界での地位、階級があり、それによって霊力にも差があるし、性格や行動のパターンに相違がある。守護霊がどのあたりの階級か、神仏界に近づいているか幽界に近いかで、その人の人生も基本的には違ってくる。

だから守護霊が高い階級にいるならば、その人の人生が苦労の連続であったとしても、最終的には安定し、恵まれたものになる。波瀾万丈《はらんばんじょう》、ひどい生活をしたとしても、守護霊がしっかりした階級なら心配はいらないということになる。

ところが、一般的には守護霊の階級はどのへんかというと、真ん中あたり、あるいはそれ以下が多い。これでは、あまりパッとした人生にはならないと判断せざるをえない。

しかし、悲観するのはまだ早い。霊界には巧妙な仕組みがあって、背後霊というものが存在する。専門家によって説明の仕方は千差万別だが、この背後霊によって人の運命は大きく左右されていくのだ。

背後霊には、霊界に籍をおくものと幽界からくるものと、大別して二つに分けられるが、霊界におられるもののうち、かなり上級の霊もある。

幽界からあなたの背後にきて、身近に幽気をただよわすような背後霊なら、何をやってもダメで、肉体をいたずらに酷使されるだけに終わってしまう。まったくのマイナスになることが多い。

霊界からきた背後霊なら、仮に肉体が酷使されることはあっても、いちおうの成果というか、信仰で言えば御利益《ごりやく》が出てくる。が、その反面、日常の生活には波乱が生じがちでバランスの悪い暮らしになりやすい。

総じて言えることは、霊界からにせよ幽界からにせよ、背後霊を迎えた場合、プラスかマイナスかの効果がいきなりパッと出現するものだ。信仰なり、他のなんらかの方法なりで、突然、御利益＝効果があったという場合、霊査してみると、かならず霊界か幽界からかの応援や支配の作用が働いている。

これが神仏界からの応援・支配によるものだと、効き目はジワリジワリとにじみ出るような感じで、二年も三年もかかって目的が果たせたり、仕事が成功したり、ということになる。そして、その効果は、きわめて長く保たれるものだ。ただし、生命の危険があるとき、いま急いで助けなければ破滅するという場合には、いきなり局面を転換してくれるが、緊急時のほかは、無理せずあわてず、じっくり積み上げる形で援助してくれるのが特徴である。

霊界・幽界からの援助を受けた場合、特に幽界の援助を受けた際はきびしいようだが、かならず代償を求められる。「これだけ働いてやったのだから、これだけ分はよこせ」と返礼を要求する。人間社会では恩を受けても受けっ放し、ということがよくあるが、霊幽の世界では、そうはいかない。きびしい掟、がっちりとした雰囲気がある。もし、仇《あだ》を受けたらやり返し、恩義を受けたら礼をして報《むく》いる、という世界なのである。

霊界の援助を受けたときはまだしもだが、幽界の場合は取り立てがひどい。あまり大きな働きはしてくれないのに、何倍にもして返せと要求される。こうなると、うかつにものを頼めはしない。むやみに神社などにお参りし、願いごとなどして幽界の援助を受けたりすれば、あとが恐ろしい。

守護霊の力の弱いところを背後霊に助けてもらうとしても、できるだけ霊界の、しかも上級の霊に来てもらうに越したことはない。幽界の低い霊との交流は避けなければならない。自分の気持ちが沈み込んだとき、怒りに燃えたときなど、低級霊と霊波の波長が合ってしまうので、よくよく気をつけるべきであろう。

わけもなく夫が（あるいは妻が）腹を立てたりしても、けっして同調してはならない。常に平静な心で、高い霊気と波長が合う状態にいなくてはダメである。自分もいっしょになって怒ったり泣いたりするのは愚《ぐ》の骨頂《こっちょう》。落ち着いた明るい心で、守護霊に呼びかけ、しかるべき処理をしてくださるよう念じておくのだ。かならず、いつの間にかおさまり、妙な騒ぎを持ち込んだ霊は、どこかへ立ち去ってしまうであろう。

やってくる背後霊が、プラスなら歓迎、マイナスのどうしようもない霊ならおことわり、という状況をつくりたいとするなら、まず大切なのは守護霊と密接な交流を保っておくこと。そうすれば、マイナスの霊がやってきても守護霊がはね返してくれるものだからだ。人間の〝我欲〟が先に出てしまうと、守護霊との交流を妨げる。静かな心、明るい暮らしを守っていれば、努力しなくても守護霊が良い方向へ勝手に働いてくれる。

もし、かんばしくない状態に直面したとしようか。

「これこれのありさまです。私の手にはおえません。守護霊さん、どうかよろしくお願いします」

これだけでよろしい。すると守護霊は、各方面の専門の力を持つ霊、菩薩さんにお願いして、あなたのところへやってきた霊幽を処理してくれるものなのだ。

霊言による警告、我欲での信心は禁物である——

次に、いわゆる「御利益信心」の間違いについて述べておこう。私の手もとに霊界から告げられた言葉のメモがあるので、まず、それを記述しておく。

——常時、信仰をもとにして生きる人生は力強い。しかし、信仰に生きるとする者たちの信心とする考え方が、根本から間違いである。それは御利益信心なり。（これは神を）いわゆる神の御座《みかぐら》から引きずり降ろした信仰をいう。

自分を中心とした信心、現実のありさまのみをとらえた信心が、かもし起こす現象は実に恐ろしい。自己の都合のみを心底に秘めての信心は、（その人の）人生、枯尾《かれお》花《ばな》となるは必然。

そのことわけ（理由）ともと（元）は神とする絶大な力を対象のみかぐらに（向かいながら）、願いは低級霊か低落の精霊や動物霊の霊波線にしか触れ合わぬためと考えるがよい。皆みなは、自己中心とする御利益信心なるがために低霊としか折衝《せっしょう》できぬ実に不幸せな生涯が秘められており、皆の胸の内は低き霊、浮浪霊らのよき餌食《えじき》と心得るがよかろう。

皆みな、きそいてみかぐらに膝まずくが、胸の内は己《おのれ》の我欲の祈りのみにて、まことの心を生まれ落ちるとき忘れおる感すらありて実に心もとなし。故《ゆえ》あって哀れなり。皆みな、真《まこと》なき精霊にもてあそばるる所作《しょさ》となり、人びとのもろもろを嘆く。かようなること、身は神のみかぐら前にありても神おらぬは故あって、いま皆みなに申すは、「不浄なる霊到るが故に我いま身辺さわやかならず」と嘆くが、さにあらず。皆みな、そなたたちが不浄とする精霊を呼び込むのが真なり。真の神を拝み、真の御守護をいただこうとするならば、まずまず己の所作を明らかにすべし。

われわれ、皆みなの真の祖神《おや》なり。我に触れんと願うならば、こんりんざい己中心の服拝、心願は不必要なり。拝まねばならぬ、ひれ伏さねばならぬ。絶大の力、御前《おんまえ》に従いまつる信念こそ必要。

この世は無なり。己をすべて無にして、己の真の力湧き出ずるものなり。真の神に言上《ごんじょう》いただく道につながるなり。神への道は自らが聞くなり。不浄の霊とつながるなかれ。己の性《さが》に血迷うことなかれ。ゆめゆめ忘るるな……。

読みにくい個所はカッコ内に言葉を付け加えたり、一部言葉を換えたが、ほとんど霊言のとおりである。

まさしく、「御利益信心」というものは、神さまに通じない。我欲だけから出発した信仰は、神を神の御座《みかぐら》から引きずりおろす信仰であり、いわゆるバチ当たりの信心になるということである。

私たち人間と神との間には、不動尊や菩薩などいろいろおられ、私たちの想いをそれらの方に受けてもらえればいいのだが、ほとんどは低級霊、邪霊の前に頭をさげて願ったり拝んだりしている。

我欲からだけの願いは神には通じはしない。途中にたむろする邪霊や浮浪霊、恵まれない霊が乗り出してくるので、その人のその後の生活は気の毒なことになってしまう。

この霊言は、御利益信心は危険で禁物と警告しておられるわけである。

人生における三原則を公開する

基本運、自己霊性、環境性、これが三原則

こうしてほしい、こうなりたいとどれほど願っても、その何十分の一も実現しない。これが、私たちのまず大多数に共通する経験であろう。何もかも思いどおりになるはずがないと知りながらも、よりよい生活、楽しい暮らしを望んで願いを抱きつづけるのが、洋の東西を問わず、人間に共通の性癖であるようだ。

変動が少なく平穏で、一日ごと、一カ月ごとに向上していく生活、そういう暮らしを望んでいるのに、現実は冷たく、人生はとかく大小の波乱に富んでいる。諸行無常《しょぎょうむじょう》なのである。

そういう起伏に満ちた人間の一生を左右する原則のようなもの、それが果たしてあるのかないのか。私は、三つの原則があると考えている。人間の一生の禍福吉凶《かふくきっきょう》を占う術としては、易占、四柱推命、五行九星、西洋占星術その他、古いのから新しいのまで、よくもこれほどと感心するほど、さまざまな運命予知法があるが、私は霊界からの教えに従って、

次の三つを重視する。

①基本運
②自己の霊性
③環境性

この最初の「基本運」とは、人間の一生には、たとえ枝葉や曲折《きよくせつ》はあるにせよ、歪《ゆが》めることのできない運勢が、生まれ落ちたときから、ついてまわるということである。これは、生まれた年、生まれた月、生まれた日と時刻によって決まってくる、というのが大原則で、その点では西洋占星術も五行九星術も一致しているが、私はこれを大神様とのつながりによって決まると考える。

二番目の「自己霊性」というのは、一人ひとりが持っている霊魂はもちろん、体質、性格、勘の鈍さ・鋭さ（この勘とは、いわゆる五感では感じ取れない気配を察する能力とでも考えていただきたい）などを引っくるめたものと表現しておく。

三番目の「環境性」。実は適当な言葉が見つからないので、とりあえずこういう名づけ方をしたのだが、「孟母三遷《もうぼさんせん》の教え」などに出てくる教育環境といった意味ではなく、あなたが育ち、住んだことのある、あるいは現に住んでいる住居、屋敷の霊的状態、墓の状況、対人関係がかもし出す雰囲気その他を指す。

以上の三つを、現実世界における人生を左右する「三大原則」と私はしている。しかし、一枚のコインに表裏がつきものであるように、地球上に存在するすべてのものには、表と裏とがある。形のあるものの表と裏とは、たとえば人間の顔が表なら、頭のうしろは裏であろう。人間が話し合っている場合、言葉そのものは目には映らないが、内容を吟味《ぎんみ》すると、建て前という〝表〟と、本音という〝裏〟がある。表と裏は、背中合わせにぴったりと貼りつきあっている。この表裏一体の法則の〝裏の面〟から、基本運、自己霊性、環境性の三つを考察していこう。

運命の素地を形成する基本運

基本運の〝裏〟とは何であるか。生年月日とその時刻によって、あなたがた一人ひとりにそれぞれの大神様とのご縁がつながってくる。このつながりが個人の基本運となる。この大神様とは、あなたがご存じの、いま世に出ておられる神ではない。地球上に人類が発生する以前の霊界の方がたと言って間違いない。

地球は自転しつつ、太陽の周囲を公転している。正月がきて二月、三月と月日がめぐって、ふたたび正月がくる。また、春、夏、秋、冬は確実に順を追ってやってくる。一定の周期で暦は回転し、くり返している。

俗に「歴史はくり返す」というが、人間社会の長い歴史の跡をふり返ると、たしかに、似たような現象が間隔をおいて発生している。私たち個人にしても似たようなもの。こんな失敗はもう二度とくり返さない、と心に決めていても、いつのまにか再び同じような状態になっている、という体験をお持ちの方は少なくない。ある意味では、「くり返しが私たちの人生だ」と言ってもいい。

そこで、この大神様たちを一日二十四時間周期のくり返しで説明すると、移り変わる時間帯によって、それぞれの持ち分がある。わかりやすく説明するためにたとえて言えば、「午前一時から一時半までは何々神の受け持ち」というぐあいである。ある研究家は、こういう大神様を八十柱近くあげているが、私もほぼ同感である。年月日と時刻によって、縁を結ぶ大神様が決まってくる。そのなかには、良い神、強い神、悲しい神、悪い神とさまざまがいる。こうして、生まれた日時で大神とのつながりが生じ、それが運命の素地を形成してしまう。こういう神々の専門の分野、それぞれの因縁について詳しく述べることは別の機会にゆずるが、もう一つ、基本運と深くかかわってくるのが守護霊である。

もう何度も説明したとおり、最初から最後まで私たちを守り、もろもろの障害を防ごうと努力してくれるのが守護霊なのだが、出生時の自動的な仕組みによってかんばしくない大神とのつながりを生じたとしても、それによるマイナス面をできる限りおさえてくれるのが、この守護霊でもあるわけだ。

出生時の持ち分によって必然的に、あるいは心ならずも大神様とのつながりが発生する一方、守護霊は祖先霊の一柱が守ってやろうという明確な意志を持って受胎時に憑いてくれる、という違いがある。この大神と守護霊との二つの因縁によって、人間それぞれの基本運が定まってしまうのである。

自己霊性の表裏を自らで磨け

自己霊性の話に移ることにする。人それぞれに、ものの考え方、体質、性質、癖などがある。また、生きているから、さまざまなことを体験し、善きにつけ悪しきにつけ、それぞれ足跡を残す。これらのことの全部を持ったまま、私たちは死後、あの世へ移らなければならない。霊幽の世界へ移行すれば、生前の癖から自分のやったことまで一切合財《いっさいがっさい》を抱えて、魂の修行をはじめなければならない。

ここで強調したいのは、現界において自分の霊性を高めておかないと、死後、あの世界でひどい苦労をするということだ。基本運というのは、いわば自分の意志の働く余地のないまま決定づけられるが、性質や行動、忍耐や努力——そういうものはまったく人それぞれの責任のうえで積み重ねられていくものである。したがって私たちは、基本運の上部に自らの責任で自己の霊性を磨きあげていく必要がある。だれの責任にも帰せられぬ、自分自身の責任で、自己を磨くべきなのである。

以上を自己霊性の表だとすれば、裏面は何かということになるが、これはもう、間違いなく、あなたの背後霊、憑依霊、支配霊などの問題になってくる。

自己霊性の表の面が、怒りや沈んだ気分で平静さを失っていると、守護霊との交流も妨げられ、いきおい同じ背後霊でも程度の低いのを招き込んだり、ろくでもない動物霊に憑依されたりする。邪霊や不浄霊の餌食《えじき》になるのは、自分の性格、感情から低い霊波に合致してしまうからである。自己霊性の表の面で心の波長を高めておかなければ、裏の面でも良い霊に恵まれない。表裏ともに高い霊性を持ってあの世へ行かなければ、つらく苦しい立場に立たされ、しかも、それは誰を恨《うら》むこともできないのである。

環境性を改善すれば運勢は変えられる

次に「環境性」の問題である。あなたが住んでいる場所、先祖とのつながりの場所である仏壇、神棚、そして墓の状態、それに交際する相手と、交際の仕方などで運勢が変動するということである。

個々人の基本運は、個々人の意志に関係なく決定づけられてしまう。したがって、これは変えようがなく、いわば宿命とも言うべきものだ。しかし、自己霊性は、心がけと努力によって高めていくことが可能だし、それによって宿命を修整し、良化する方向へ変えていくことが可能になる。さらに、ここで環境性を良い方面に変えることによって、運勢を変化させることができる。環境性こそ、あなたの常識や知恵で十分に対処できる問題だということができよう。

環境によって、運勢が高く向上したり、逆に低下したり、あるいは迷ったり、ヒビが入ったりする。マンションなり中古の家を買い取った、あるいは宅地を手に入れて家を建てた。ところが、引っ越してから、どうも何かにつけて都合の悪いことがつづく――という場合など、いちおう、家憑き霊や屋敷霊と自分たちの相性を考慮してみる必要がある。さまざまな因縁を持つ先住の霊が怒ったり、恨んだりしていることが少なくない。

また、霊とは関係ないが、土地そのものの性質が精気を失い、住む人間のエネルギーを吸い取っていく場合もある。家屋敷や仏壇、神棚、墓については『霊は生きている』で説明しておいたので、これ以上は述べるまい。

ただ、基本運、さらに自己霊性によって人間の一生は左右され、変化すること、さらに環境性がそれに加わって運命を変えていくことを、常に忘れずにいることが必要である。

第二章◎あなたの幸・不幸は霊幽界が仕組んでいる

霊界にはこれほど多くの掟がある

死後の世界は実在するのか

ゆく河の流れは絶えずして、しかも、もとの水にあらず。よどみに浮かぶうたかたは、かつ消え、かつ結びて、久しくとどまることなし。世の中にある人もすみかも、また、かくのごとし――鴨長明《かものちょうめい》は、ご承知のとおり、この有名な一節から『方丈記《ほうじょうき》』を書き起こした。

この鴨長明という人は、いまから約八百五十年前に生まれたとされる人物で、京都の下《しも》賀茂《がも》神社と深いゆかりを持つ家柄の出身者である。歌人としても有名だが、それはともかく彼は、この世の中、あらゆるものごとは一刻の絶え間もなく常に変化していくこと、人間もまた、もちろん、その例外であるはずがなく、うたかたのごとくはかない存在であることを、最初からズバリといきなり指摘する。そういえば、あの『平家物語』も冒頭に「祇園精舎《ぎおんしょうじゃ》の鐘の声、諸行無常《しょぎょうむじょう》の響《ひびき》あり、沙羅雙樹《さらそうじゅ》の花の色、盛者必衰《じょうしゃひっすい》のことわりを……」と語りはじめて、〝風の前のチリ〟に同じような人生流転《るてん》のはかなさを書きつづっていく。

いまさら言われるまでもなく、私たち人間は、まことに弱く、もろく、小さな存在にすぎない。

家族や親類、会社の同僚や取引先との人間関係、自分自身や家族の健康・金銭・仕事その他もろもろの問題をめぐって、悩みや迷い、困りごとや苦しみをまったく持たぬ人など、おそらく一人だっていないはずだ。ひどい場合は何もかも行き詰まってしまったように思えて、骨まで凍る孤独感の虜《とりこ》となり、涙も涸《か》れる経験をした人もいるはずである。

なるほど、「ゆく河の流れは絶えずして……」と鴨長明が説くとおり、万物は流転する。何ごとも始めがあれば、やがては終わりがある。人と人との出会いは、別れの始まりであり、また、私たちは生まれたその瞬間から、いやおうなく、確実に死に向かって歩きはじめることになる。誰でも一度は死ぬものとはわかっているが「オレが死ぬとは、これはたまらぬ」と昔、さる高僧が辞世《じせい》を詠《よ》んだとか、「門松は冥土《めいど》の旅の一里塚、めでたくもあり、めでたくもなし」と詠んだ坊さんがいたとかの笑い話も生まれているほどだ。

できるだけ幸福な生活をしたいと願い、それなりの努力も重ねてきた。しかし、現実の暮らしは苦労の連続だ。まあ、それもやむをえないこととして、あきらめもしよう。しかし、いったいオレは（わたしは）、死んだあと、どこへどうなってしまうのだろうか？

死後の世界、これは、口に出すか出さないかは別として、ごく普通の人びとが折りにふれて問いかえす、きわめて素朴な疑問である。神や仏の存在を信じ、現に宗教団体に所属している人たちでも、自分自身はどうなるのだろう、と死後に不安を持つのである。

科学万能の唯物《ゆいぶつ》論者を自称する人は、手っ取り早く言えば、たぶん、こういうぐあいに死後の世界を否定するであろう。つまり、

「人間の生命現象は蛋白質《たんぱくしつ》を中心にした諸物質が複雑かつ高度に組み合わさった結果、生じたもので、したがって人間の肉体が崩壊すれば（つまり死ねば）、生命現象も自動的に消滅し雲散霧消する。霊魂なんてもともとないのだから、肉体の死滅はすなわち生命の終わりであり、いっさいは、そこで完結する」――。

いささか乱暴すぎる要約で申しわけないが、ざっと大筋に狂いはないであろう。

私は、無神論者や心霊の世界の存在を否定する人びとと議論するつもりはないし、霊魂の存在を否定されれば、「ああ、そうですか」と引きさがる。しかし、打ち割って話すと、ゴチゴチの唯物論者とみられている人たちのなかにも、意外に死後の世界にひそかに思いを凝《こ》らし、自分はどうなるのか、と悩んでいる人がいるのである。現に、私の身近の友人にも、そういう人がいる。科学がもし万能なら、人間の寿命もコントロールできるはずだし、子どもより親のほうが先に死ぬのが順序というものだが、しばしばそうはならない。科学の進歩なるものが、むしろ逆に人間の寿命を縮めている側面さえ目立っている。科学こそが万能、などと信じていたら、それこそとんでもない。

この本の主旨とは関係ないので、この話はもう打ち切るが、ついでに付け加えておくと、

超心理学や心霊科学の研究と実験を国家の規模でもっとも熱心に行なっているのはアメリカとロシアだ、といわれていることを指摘しておこう。

成仏したければ因縁を捨てろ

私たちが現に生きている世界＝つまり現界での運・不運、幸・不幸は、実はほとんどの場合が霊幽の世界で仕組まれた結果である。

ふとした縁で、ある人と交際がはじまり、親しくなったが、いつのまにか疎遠《そえん》となり、別れがやってくる――といった例などしばしば起こるが、これは相互の背後霊の因果・因縁関係が切れたということ。ある日、突然の別離が訪れる、といった場合は、背後の霊幽界が激しく動いていることの反映なのだ。

これを逆に言えば、いま私たちが生きている現界は、死後に私たちが入っていかねばならない霊幽界への心の準備を積み重ねるべき世界だ、ということである。

私たちは、日々、因縁をつくって生きている。食べること、飲むことも因縁、ひと様とつき合うこと、また争うことも因縁、一日ごとに何らかの因縁を積み重ねて生きている。死ねば私たちは、その因縁を背負ってあの世へ行かねばならない。この世でロクでもない因縁を重ねていれば、死後の霊幽の世界で悶《もだ》え苦しまねばならない。

気楽に霊幽の世界へ入るためには、新しく悪い因縁をつくらぬことである。たとえかんばしくない状況を迎えてもサラリと受け流し、いちいち神経をとがらせぬことだ。もっともよろしくないのは、ひと様をそしったり、こきおろしたり、おとしいれて泣かせたりすること。たとえば、Aという人が、Bを相手に、その場にいないCの悪口をさんざん言う。そのためCは、有形無形の被害を受けたとする。すると、C自身はAの仕打ちをまったく知らなくても、Cの背後霊は、かならずこれを知って痛烈な反撃を行なう。

普通の場合、死後、たいていの人は二十年か遅くとも三、四十年たてば成仏できるのだが、Cの背後霊の怒りをかったAは、おそらく八十年たっても成仏はむずかしい。

ではその場合、Aの守護霊はAを守り助けてくれないのか、という疑問が出るであろうが、自らつくった因縁による霊界での仕返しは、これを甘んじて受けなければならない、という掟《おきて》があるのだ。

成仏できない霊を、霊査によってよくよく調べてみると、大半が生前、他人をそしり、おとしいれ、その結果、相手の霊に仕返しされている。こちらの世界で生きている私たちは、多くの人の場合、なまじ肉体を持っていることが邪魔して霊の世界が見えないが、向こうからは、こちらがよく見えるのだから恐ろしい。

では、そういう成仏できずに幽界をウロウロしている霊はどうするか、ということだが、肉体がないのに魂がある、その魂は成仏していないから死んだことに気づいていない。人並みと言えば変な話だが、食欲もあれば性欲もある。ところが、肉体はすでにないのだから欲望は充たされない。充たされないから、これらの想いが積もりに積もって執念のかたまりとなり、もがき苦しむ。結局は現界をウロついて誰かに憑依《ひょうい》し、欲望を充足させる以外に方法がない。まるで、家出をしたものの、食い詰めてどうしようもなくなった極道息子が、もとの家へ舞い戻ってくるようなものである。

こういうふうに、幽界には、さまよい、もだえ、あせっている霊が多く、これが常時、現界の皆さんの周囲にウロついていると考えて、まず間違いない。現界の人間を、悪い面に向かってあやつっているのは、邪悪な動物霊もいるが、多くは幽界にあって成仏できず、悶え、焦《あせ》り、苦しんでいる霊たちと考えていいであろう。

この世への未練を断ち切るには

現世で心の準備をしないまま、悪い因縁を背負ってあの世へ行くから成仏できずに苦しむことになる。つまらぬ因縁など、現界に捨ててゆくべきもの。もっと押し詰めて言えば、この世にいるあいだに、ロクでもない因縁などつくらぬのが一番である。

お釈迦さまは、この世は苦海《くがい》（あるいは苦界）であり、人生とは死ぬまで修行の場である、と教えられている。生きているあいだは、次から次へと、さまざまな苦労が押し寄せてくる。それにうち負かされず、サラリサラリと受け流し、常に平静を失わぬこと。これが修行というものであり、悪い因果をつくらない、背負わないためのもっとも大切な方法でもある。

それから、もう一つ。これは、明日はどうなるのか、自分の生命の行方《ゆくえ》さえ予知できない私たちにとっては、いささかむずかしい注文かもしれないが、同じ死ぬにしても、できるだけ長生きしてからあの世へ行くこと。六十歳や七十歳で死んだのでは、まだまだこの世に未練を残している。現界に想いを残していたのでは、なかなかもって成仏できない。

われらみな　人にして
人の世のなど生きがたき
みずから死にし　わが友の
みたりはあれど
いかにしてか生きんとぞ思ふ
…………
いかにしてか　いかにしてか
われら世に生きてまし
生きがたき人の世を

生きやすきものにせん　力は既にあらずとも
老いらくのよしあらずとも
生きがたき人の世のさまを
あるかぎりわれ見てん
生きがたく生きんとぞわが思ふ

これは、明治末期から大正、そして昭和の戦後まで旺盛《おうせい》な文学活動を行なった佐藤春夫《さとうはるお》のある詩の一節である。私たちは、いつ死を迎えるか測りがたいけれども、「いかにしてか生きんとぞ思ふ」と精いっぱい生き、そのうえで、なんの未練も残さず瓢々《ひょうひょう》としてあの世へ旅だちたい。そうなるには、凡夫《ぼんぷ》の悲しさ、やはり八十五歳から九十歳以上までは生きている必要がありそうだ。

若死した人は、この世に未練を残しているうえ、肉体が消滅して幽界へ来ていることになかなか気づかない。

自分が死んでしまったことを自覚していない霊魂は、まったく始末が悪い。霊幽界を霊視すると、自己の死に気づかず、いつまでも成仏できずにウロウロしている先亡霊が実に多い。こういう霊のためには、そのご先祖の霊を呼び出し、「お前はもう死んだのだぞ、だから成仏して霊としての修行にはげめ」と教え諭《さと》してもらうわけだが、なかなか言うことを聞かない。

なぜなら、現界に想いを残し、生前からの執念に凝り固まっているので、霊魂の気持ち(妙な表現だが)に柔軟さがなく、先祖霊の親切なとりなしを頑固に拒否する。やさしく、柔らかな魂でなければ、先祖霊でさえ手をやくのに、ましてや神や菩薩が救いに乗り出してくれるわけがないのである。

霊が霊を見て腰を抜かすこと

もう、二十年も前の話になるが、この私がビックリした実例がある。

ここ十年ばかり、頭痛がつづいたり、胃腸を悪くしたり、思わぬ怪我をしたり、とにかく安らかに暮らせた日は、かぞえるほどもない――という中年のご婦人から相談を受けた。霊査したところ、ご亭主の母親(つまり姑さん)が、ちょうど十年ばかり前に亡くなっているのだが、悪いことには、生前あれもこれもと思い残したことが多すぎて執念のかたまりとなり、自分が死んでしまったことにまったく気づかず、幽界で嘆き苦しんでいる。

この霊が問題の嫁さんに取り憑いたのだからたまったものではない。嫁さんは十年このかた、塗炭《とたん》の苦しみにあえいできた。

そこで私は、その家のご先祖の霊を呼び出し、姑さんはとっくに死んでいること、早くそれを自覚し、霊幽界での修行に励むよう、とりなしを頼んだ。じっと霊視をしていると、その姑の霊は、先祖霊が現われて教え導こうとしたとたん、

「きゃっ、幽霊が出た！」

と腰を抜かさんばかりに驚きあわて、雲を霞と逃げ去ってしまったのである。自分こそ、いうならば幽霊にまぎれもないくせに、ありがたい先祖霊が出てきたら、幽霊呼ばわりしたうえ肝をつぶして逃げるのだから、まったくあいた口がふさがらないとは、このことであった。マンガのような話だが、私が実際に経験したことで、こういうぐあいに、自分はとっくの昔に死んでしまったのに、いつまでたってもそれに気づかぬ霊が実に多い。

霊界の先輩たちが、遅れて亡くなった魂を迎えて死んだことを悟らせてくれれば一番いいが、先輩霊も霊界での修行にいそがしいし、たまに親切に導こうとしても、死んだ人は先輩の姿をみて、ただもう驚きあわてるだけ、という場合が多い。

きびしい掟で結ばれる霊界と現界

人間なんて現金なもので、若さと健康に恵まれている時期、死んだらどうなるのか？　死後に世界はあるのか？　あるとすれば自分はどうなるのか？　などということを深刻には考えない。それどころか、自分もいつかは死ぬのだ、ということすら真剣に考えてもみ

ない。

これが若い人でも、病気にかかって苦しんだり、大怪我をしたりすると、考え方がちがってくる。まして、中年を過ぎ、老境を迎えようという年輩になると、もうひと味、さらに違ってくる。

ときどき例に引くのだが、あなたの親か子、夫か妻、友人か知人の葬式のときのことを思い返していただきたい。縁の深かった人が死出《しで》の旅路に出発しようとするとき、あなたは野辺《のべ》の送りの儀式に立ち会うのだから、たしかに悲しい。しかし、一人ひとりの気持を率直に明かすと、まずは死んだのが自分でなくてよかった――こういう思いが真っ先にくるのではなかろうか。死は怖い。その怖い死が、こんどは自分にふりかかってこなくて、まずは助かった、と考えるのが人情の自然というものかもしれない。

次には死んだ人の冥福《めいふく》を祈る、というのが、どうやら大方の順番らしく、そのあと、ふたたびわが身のことにもどって、もし自分が死の世界にさまよい込む時がやってきたら、いったい自分はどうするだろうかと、改めて考え込むことになる。

そこから自分の日常生活への反省が生まれてはこないものか。同じこの世に別れを告げるのなら、心残りなく旅立ちたい。そのためには、ふだんから親子、夫婦、友人知人らと仲よく暮らしておきたい。また、仕事や取引上のことでも、あこぎなまねをして他人に迷惑をかけないよう心掛ける……その他。

野辺の送りに立ち会って死者の冥福を祈りつつ、それを心のバネとして自分の行為をふり返り、日常生活の軌道を整頓し、常に平静でやさしい心を保つようつとめる——これこそ、やがて自分が死後の世界に入って行く際の、何よりの準備になるわけだ。

先に言い落としたので、二、三を付け加えておくが、執念や心残りなど悪因縁を背負ったまま現界を去ってあの世へ行くと、すでに述べたとおり、成仏できないのはもちろん、現界に残してきた未練・執念を幽界かち次つぎとぶつけてくるから、その霊の子の代も、孫の代も、さらに時代が何十年、何百年くだっても、その家筋には幸福・繁栄というものがなかなか訪れない。その家系は、何代にもわたってけっしてよくならない。これこそ、霊界と現界の結びつきに関するきびしい掟《おきて》なのだ。

あなたがもし、未練や執念を現界に残したまま死んでしまえば、現界に残ったあなたの妻子はもちろん、のちのちの子々孫々にまで憑依現象を起こし、霊界のあなたも、現界の子孫も、ともに幸福には恵まれない。霊界と現界の恐るべき関係は、何度強調しても、くどいということはないと私は信じている。

先祖供養と盂蘭盆会の不思議

お盆と霊界の摩訶不思議な関係

夏の行事である「お盆」だが、形としては相変わらず残っていても、本来の主旨が次第に忘れ去られていくようだ。

もともと日本では、推古十四年（西暦六〇六年）、斉明三年（西暦六五七年）にそれぞれ記録が残っているので、それから勘定すればお盆の歴史は約千四百年にもおよぶことになるが、一般庶民の間に定着してからでも、五、六百年はたったであろう。

まず、お盆という行事がどうしてできあがったか、そのあたりから話に入りたい。

私たちは気軽に〝お盆〟という言葉を使うが、霊界の方がた、いわゆる先祖霊、先亡霊さんたちは、お盆と聞くと肌に粟が生ずる思いがするのだそうだ。

お盆は、正しくは盂蘭盆会《うらぼんえ》というが、実はインドから伝わったウランバナという言葉に漢字をあてたものである。ただ、このウランバナというのも訛ったもので、もともとは梵《ぼん》語《ご》（サンスクリット語）のアバランバナ。これは、本来の意味は、逆さに吊るされた苦しみ、ということである。

子孫が絶えるなどの原因で供養をしてもらえない死者の霊は、逆さまに吊るされてひどい苦しみを受けるとされている。お盆に、さまざまな飲食物を供えて先亡霊を慰めるのは、ここから出発したものなのだ。

ある霊が私に語ったところによると「お盆と聞くとビクビクする。というのは、現界にたとえれば、永年の借金の返済期日がやってくるようなもの。いわば手形の決済日が、お盆にあたる。借金の半分、せめて三分の一でも返せればいいが、返済のメドがたたないときは、どうしようと思いわずらう」というのだ。

お盆がくるというのに、誰も供養してくれなければ大変である。なにしろ、逆さ吊りという責め苦が霊を待ちかまえているのだから。

お盆といえば夏の風物詩になり果て、レクリエーションの一種になってしまったかのようだ。お盆休みだ、帰省列車の増発だ、と先祖の霊はそっちのけ、まるっきり仏さまごとに名を借りた夏の骨休みになってしまったが、この際、私たちは、お盆と霊界でのしきたりに想いをいたし、お盆の重要さを子々孫々にいたるまで身をもって伝えていくべきだ、というのが私の念願であり、霊界の願いでもある。あなたにも、よくよくお考えいただきたい。

何代も何代も、私たちがご先祖から受け継いできたお勤め、連綿とつづけてきた厳粛な行事、それをレクリエーションさわぎにまぎれて断ち切ってはならない。ことの本質を見失って浮かれていると、大変なことになるであろう。霊界と現界との結びつきから言っても、先亡霊が苦しむのと連動して私たちのほうにも恐るべき事態を招きかねない。

孟蘭盆会という言葉の大もとは、逆さに吊るされた苦しみ——ということ、これは絶対に忘れてはいけない。ご先祖の霊がそういうつらい憂き目をみていること、それを救えるのは、私たちの供養であること、これは、しっかりと子孫に伝えていかなければならない。いずれは、私たちも現界を去って、死後の世界——霊幽界へと移らねばならないのだから。

レクリエーションなら、それはそれでもよろしい。しかし、孟蘭盆会の本質だけはきびしく心得て、きちんとした供養をすべきである。先祖のための心をこめた供養は、かならず向こうの世界に届き、それは、まちがいなくコダマのようにこちらの世界へも返ってくるのである。

そこには日本独自の仏教解釈があった——

仏教の開祖となった「お釈迦さま」は、釈迦族と呼ばれるインドの小さな王族の生まれで、幼名はシッダールタ。のちに釈迦牟尼《しゃかむに》といわれたのは釈迦族出身の聖者という意味。

ゴータマ仏とも呼ばれたが、ゴータマとは釈迦族の姓で、くだいていえば、ゴータマ家の仏さまということになろうか。

インドという国は、いまでもそうだが、もともと階級制度がきびしい。釈迦が生まれたころはいまより、もっともっと複雑多岐にわたっていたといわれる。そんななかで、では釈迦の階級は王族とはいえ、どの程度のものであったか、というと、階級が百あるとすれば、まず六十五番目から七十番目ぐらいの地位であろう。とびきり上等の階級というわけではなかった。

さて、この釈迦の二大弟子の一人として有名な目連《もくれん》という上人《しょうにん》がいる。この人の母親が霊界で餓鬼《がき》地獄に落とされてしまった。これを知った目連が、なんとか母親の霊を救い出そうと手をつくすのだが、どうにもうまくいかない。思いあまって釈迦に教えを乞うた。

釈迦が答えて言うのには、その母親は生前、まるで餓鬼のように品物や金銀をかき集めたが、その因縁によって餓鬼地獄で苦しむことになったのだ。その救い方だが、生前、自分でつくった因縁を母親に説き聞かせ、悔悟《かいご》させなければならないのだが、なかなかわかってはくれるまい。そこで、この方法でひとまず救い出し、そのうえでよく説得しなさい、と釈迦は救えた。

以上のやりとりは、『盂蘭盆経』という経典に説明されていることだが、そのなかで釈迦は救い方として、「術法衆僧《じゅつぽうしゅそう》でもって法を説け」と一行だけ述べている。それにつづいて目連が「可なりや」と問い、釈迦は「然《しか》り」と答えて、終わっている。

これはどういう意味かというと、親子、兄弟、親類縁者、友人知人……とにかく生前の母親と関係のあった人たちを一堂に集め、みんなでそろって、日々に犯している罪や穢《けが》れを総懺悔《ざんげ》しなさい——ということなのである。

この目連の母親の故事が盂蘭盆会（お盆行事）のそもそもの始まりなのだが、釈迦が教えた総懺悔による救出法——これは、私たち日本人には、もう一つ、ピッタリこない。

自分たちの罪を告白し、懺悔することによってゆるされる、というのは、キリスト教などでは常に説かれていることだ。特に、カトリックなど、神父さんと一対一で告白して神のおゆるしを得て、晴ればれとした顔で教会を出ていく。そしてまた、罪を犯して懺悔して……。

釈迦の教えも、このキリスト教の方法と共通する部分がある。しかし、東南アジア諸国では、それで通じても、日本ではすんなりとは入ってこない。

関係者が大勢集まって、そこへ霊魂を呼び出し、集まった人たちが自ら罪や悪事を告白懺悔し、私たちもこのままではあなたのように地獄に堕ちますから改めます。ついては、あなた（霊魂）も、いまこそ悔い改めないと、苦しみは永遠につづきます。さあ、いまこそ懺悔しなさい……。

これが釈迦の救えだ、というわけだ。申しわけないと言えばコトはすむ、犯した罪はゆるされる――というのが、日本以外のやり方なのである。地獄にいる精霊とか霊魂とかを呼び出して、大勢の前で懺悔を迫るということは、日本人にはなじまない。

インドから出発し、ミャンマー、タイ、カンボジア、中国その他へ入った仏教は、いずれも、おのれを滅して仏の慈悲を受けることを真理としている。しかし、日本仏教は最初から徹底してそうではない。かいつまんで説明しておこう。

天津神系、国津神系の血まみれの闘い

日本歴史の初め、天照大神《あまてらすおおみかみ》の直系にあたる天孫民族が先住の土着民族・原住民族を制圧し、日本を支配する政治の権力を握った。ごくごく単純に表現すると、天津神《あまつかみ》系による国津神《くにつかみ》系の抑圧といえよう。

この天孫民族による支配の一つの眼目となったのは、それまで先住民族が一軒ごとにそれぞれの先祖を祀《まつ》っていたのを禁止し、その代わり天孫民族系の神である天照大神とその系統の神がみ（天津神）を祀るよう強制することであった。ちょうど、第二次大戦中、中国大陸や南方へ進出した日本軍が、勝手に〇〇神社を建て、現地の人びとにまで拝礼を強要したのと似ているではないか。

天孫民族に支配された先住民族としては、それ以後の長い期間、自分たちの先祖、自分

たちの神がみを祀ることが許されず、もしやるとしても、こっそりかくれてコソコソ祀る以外になかった。

ところが、いまから千四百年〜千五百年前、インドから中国、朝鮮を伝わって日本へ仏教が渡ってきた。そのとき、先住民族系の人びとは大喜びをした。仏教を隠れミノにして、それまで埋没させられていた自分たちの先祖や神を、仏の名を借りることによっておおっぴらに祀ることが可能になったからだ。

このへんのところが、インドや中国、あるいはミャンマー、カンボジアその他の仏教と、日本の仏教とが、根元のところで大きく違っている点である。インドから出発した仏教が、日本に渡ったとたん、教説の解釈にしても、教え方、祭祀の方法にしても、かなり変更が加えられた。日本人らしい仏教の採り入れ方をしていったわけだ。

総懺悔すれば救われる、という釈迦の仏教は、日本人の手にかかると、大幅に変更させられてしまう。

懺悔して自分が救われようというインド仏教は、日本ではそのままでは受け入れられず、徹底した先祖の供養・先祖祀りという方向へ性格の重点が変えられていった。私たちの先祖は、インドに発生し、中国、朝鮮という長い旅をしてやってきた仏教を、巧みに日本向きにつくり替え、独特の思想を組み立てていったのである。

時代からいえば推古《すいこ》天皇（ご承知のとおり摂政《せっしょう》は例の聖徳太子）のころ、ざっと千四百年から千五百年ばかり昔のことになる。かりに一代を三十年として計算すると、私たちからかぞえてだいたい五十代前ごろのご先祖が、以上のような、みごとな知恵を発揮したわけである。

仏の前に食物や水や花を供え、先祖の心が和《なご》むよう手をつくし、ねんごろに弔《とむら》う——これらが、インド仏教につけ加えた日本人の知恵であった。先祖の苦しみを自分の苦しみとして受けとめ、心を尽して慰める。その底に、一種、悲しいほどのやさしさが流れている。これが、日本人の本来の精神だったのである。ありがたい教説だからといって、けっして無条件で外来の思想を受け入れたわけではないのだ。

お盆の主旨や行事にしても、釈迦の言い分の半分程度しか実行していない。残りは日本人流の考え、やり方を組み入れて、独特のものに仕上げてしまった。このへんの事情をみても、日本人という民族は、なかなか優秀であると言うべきであろう。

悩みが絶えることのない霊界での生活

それでは、私たちはいったい、どんな心得をもって、お盆を迎え、送るべきか？

まず、人間の顔かたちが一人ひとり違っているように、あなたの家族それぞれの先祖の霊系が違う。この点を考えに入れておかなければならない。また、それぞれの先祖の霊が、いま置かれている状況、それにたいして考えておられていること、これが現界の私たちと同じように、それぞれ違う。恵まれている霊もあるし、心ならずも不遇の立場に追いやられている霊もいる。

私たちと同じように、ご先祖の霊にも、昨日は、うれしくなごやかな日だったが、今日は、面倒なことが多く、つらくて苦しい——といった日々の変化がある。ということは、霊界は三百六十五日、平穏な日がつづいているわけではなく、激しい起伏、変動があり、霊もそれに揺られ動いているのだということ。これも認めなければならない。

次に、成仏した霊はどうか。「精神状態」のバランスが極めてよく、安定した状態にある霊を〝成仏した霊魂〟または〝仏さま〟というのだが、いくらバランスがとれていても、心配ごとは次つぎと出てくる。「この先祖霊さんは成仏してますよ」ということと、恵まれているか、いないか、ということとはまったく別なのである。

たとえばあなたが、卑近な例でいえば、資産何億円という金持ちであったとしても、日常の苦労や心配ごとが次つぎと出てくるのと同じように、いくら成仏しているとはいえ、心配ごとや危険なことが絶え間なくやってくる。そうした苦しみや心配のタネを、いかに上手《じょうず》にさばくか、という点をめぐって霊界でも激しい動きがある。この点も、心にとどめておいていただきたい。

霊界でも、現界と同様に霊魂同士の交際がある。性質の悪いのがやってきて罵倒《ばとう》して帰れば、心は傷つけられて痛む。別の霊魂が厄介な問題の解決を求めてやってくる。これは因縁、ひっかかりがあるから持ち込んでくるのだが、そうなると受けて立たざるをえない。こういうわけで、先祖霊たちの霊界生活も、なかなか悩みが絶えない。

夫婦の間でもそうであろう。昨日は楽しく仲がよかったが、一夜明けた今朝は小さなことが原因でトラブルが生じ、口もきかない、という場合が少なくない。霊界でも、恵まれた一日が終わったとたん、トラブル発生――ということが起こりがちだ。先祖の皆さん、ご苦労さまです、という気持ちが大切なのである。

最後に、お盆という時期は、前述したとおり、霊界にとっては大変な時期だということを忘れてはいけない。あちらこちらにつくった一年間のいわば〝借金〟、それの決済を求められる時なのである。

こういう時期に、あなたがご先祖に救いを求めたとしても、よほどの力がない限り、霊は手も足も出ない。というより、その余裕がない。お前の苦しく悲しい気持ちはよくわかるが、実はワシもいまは大変なんだ、ワシも困っているのだ。これが先祖さんの正直な気持ちであろう。以上のような霊界の仕組みを考えていくと、宗教団体が「これこれの形式を守って、こうやりなさい」など、十把ひとからげに指導していることなど、それこそナンセンスだということになってしまう。

霊界にとって一年間でもっとも大変な時期を迎えた先祖さんを慰めてあげること、そのため心から供養してあげる（〝借金〟の返済を手伝ってあげる）こと、これが肝心なのである。

ある日突然、祖父と父親の霊が現われた

霊界もなかなかラクではない、という証拠に私の場合の例をあげておこう。私の祖父も父親も、すでに成仏しているのだが、ちょいちょい、「苦しい、助けてくれ」と私のもとにやってくる。

夏も近いある日の朝、私の眼前に祖父の立ち姿が現われた。ものも言わず、両手で腹をおさえて顔をしかめている。困りきっているというしぐさである。

じっと眺めているうち、直観的に私の頭にひらめいたのは、広島にある皆本家の墓の棹石の下端のあたりに何かの変化が生じたのだな、ということであった。そう思ったとたん、祖父は腹をおさえていた両手をおもむろにパッと上にあげ、にっこりと笑ってたちまち消えてしまった。

これは、もうまちがいない。墓石をなんとかしないと、とんでもないことになる。皆本家先祖一同がすでに腹を痛めているので、代表に祖父を選んで私のところへ差し向けたのだろう。

そこで急ぎ、石材屋さんに電話を入れ、すぐ調べてくれるよう依頼した。その結果、わかったことは「供会一処」と墓石に刻むのが広島のしきたりなのだが、その部分に、よく見なくてはわからぬ程度の斑点ができていた。さらに、墓石の裏に私の名が刻まれ、その文字に朱を入れてあるのが、はげかかっていた。

知らずに放っておくと、遠くない将来、私の身辺にかなりの大事が生ずる恐れがある。その先触れとして、霊界の先祖一同が腹をやられて困っていた。そこで祖父の霊を使いに出して教えてくれた——と、こういうわけだったのであろう。

現界と霊界を結ぶ接点として、墓が大切な基点の一つであることは前著『霊は生きている』でも述べたのでここでは省くが、私の祖父は私のため、祖先一同の霊のため、一所懸命働いたことはまちがいない。たとえ、成仏している霊でも、事と次第によっては痛みに堪えかねる、ということを教えてくれたのである。

墓石の一件で祖父が現われてから、一日おいたあと、こんどは父親が出てきた。何をしているかといえば、着ている洋服のポケットというポケットを探しまわり、何かを取り出そうとする。

そのありさまを静かに眺めているうち、どうやら父親は財布を探しているように思えてきた。祖父の出現という現象、それに加えて父親のこの動作——これは近く、予想外の出費があるぞ、という予告にちがいないと私は判断した。

また、父親の動作は、財布と同様に書類をも探しているように見える。ははあ、これは古いできごとを処理するための書類が見つからず、父親も祖父も霊界で困った立場に立たされているのだな、と私は感じた。

祖父も父も成仏できているのである。特に祖父など、私や何百人かの人びとのために先行して働けるだけの力量を持つ霊一魂であり、父親にしても何十人かの先頭に立って露払い役をつとめるだけの力を十分に持っているにもかかわらず、霊界では、時によっては窮《きゅう》地《ち》に立たされることもあるわけである。


さて、お盆の行事は真剣に、まごころをこめてやらなければいけない。

しかし、その場合、みんなが同じやり方でやる必要はない。いや、同じやり方であっては、むしろ、まちがっているということなのだ。何々家の先祖にはこういう方法で、別の誰々家の際はこうで……と、それぞれ霊系なり、先祖さまの状態なりに合わせて、もっともよい方法を探し出し、自分で作り上げるのが大事なのである。

私の立場でいちばんラクなことを言えば、もっともらしく一定の形をつくり、皆さん、これでおやりなさい、とすすめることだ。しかし、そんなやり方は無責任であり、そして何よりも危険を伴う。都合のいい先祖さんだけ呼び出して、十把ひとからげの行事でお茶をにごすわけにはいかないのである。

それぞれのご先祖さまには、それぞれの性格、カラーがある。その形に添ったやり方でお盆を迎えるべきであろう。

第三章◎人生と神霊界の驚くべき関係

守護霊・補助霊と守護神の役割

受胎における神霊の働き

母親の胎内で卵子と精子が結合し、一つの新たな生命が芽生える神秘、これがいわゆる受胎《じゅたい》だが、これを霊界の働きという面から眺めると、どんな仕組みになっているのか。それを図示したのが次ページの図である。

まずあげなければならないのは、先祖の応援と、神霊界＝つまり位の高い霊界のさしず（①）により、さらに新たな子孫の誕生を望む先祖の願い（②）によって、あなたが受胎されたことを示している。さらに、新たな生命によって自分の目的成就《じょうじゅ》を願う霊（③）の応援が受胎を助けていることもある。

また、これに加えて、力の強い浮遊霊（④、この下にさらに、いわゆる失業霊、動物霊、さまざまな凶霊がいる）が加担もしくは応援している場合もある。

この①②③④の組み合わせ、因果関係によって、あなたの運命は、受胎の瞬間に、ある程度きまってくる、ということである。

先祖の応援、神霊界の指示があって生まれ出た①の場合、現世で成功させて世の中のために、ああさせよう、こう働かせよう、という高いところからの意志を背負っているわけだ。生まれてから死ぬまで、満ち足りた人生を送る人もいるが、全部が全部そうだというわけではない。激しい苦労を重ね、浮き沈みをくり返しながら結果的に成功するか、たとえ不遇に終わっても世の中にとって一つの大切なことがらをなしとげる人となる。これは、どっちに転んでも、プラスの人生と評価せざるをえない。

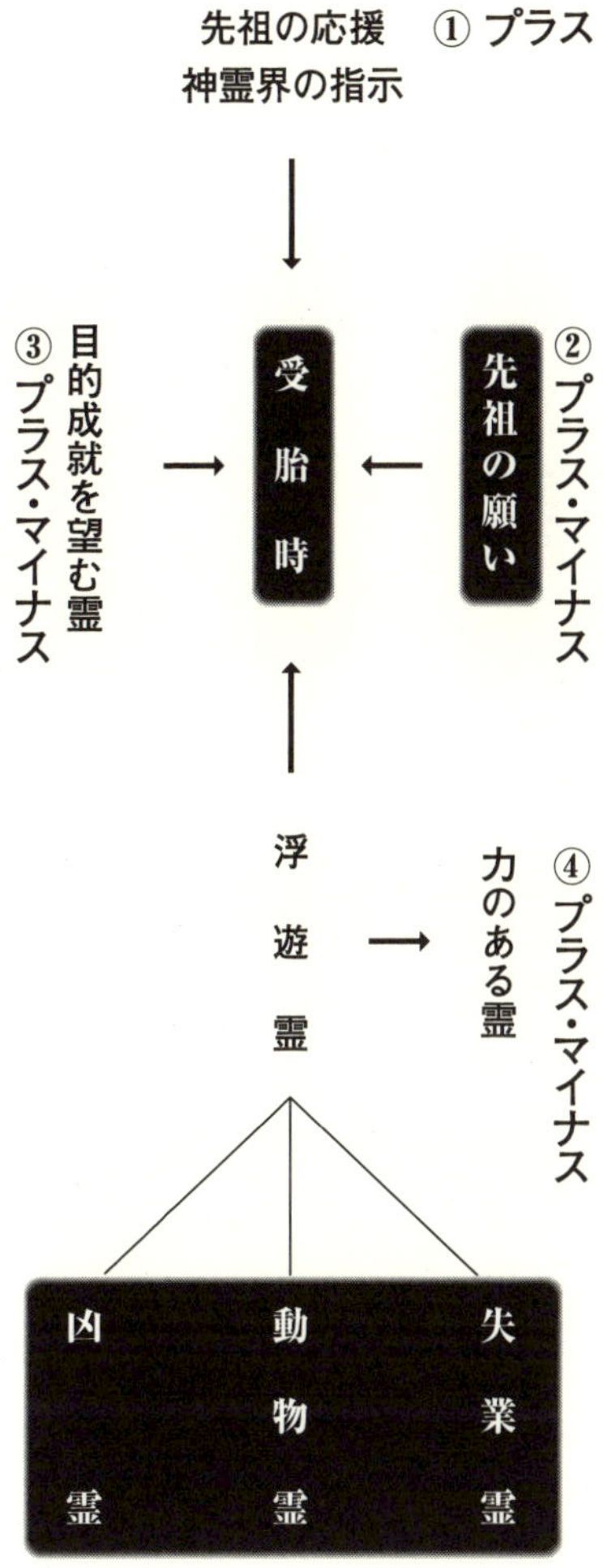

先祖の願いでこの世に送り出された②の場合、多くは強く恵まれた運勢を持って人生を送るが、時として逆の場合もある。したがって、プラスとマイナスのしるしをつけておいた。

先祖は、子孫であるあなたにたいし、危険でむごたらしい人生、恵まれぬ悪い人生を望むことはけっしてない。それは、親子の情を考えればわかることであろう。先祖の願いで送り出された人は、たいてい、たとえ激しい苦労をしても結果的には充実し、満足した状態を迎えたり、危機一髪で災禍《さいか》を逃れたりすることが少なくない。

が、しかし、マイナスの生き方に終始することもある。それはなぜか。生前、ああしたかった、こうしたかったと、この世に未練を残している先祖の願いを背負って生まれたときは、その人の人生はけっして楽ではない、ということである。ただ、その場合でも、この世でいろいろやらなければならぬことが多く、苦労の連続ではあったが、気持ちのうえではおしなべて「これでよかった」ということで人生を終えることになる。マイナスの記号をつけ加えてはあるが、おおむね良い人生とみてまちがいない。

次は、③の目的成就を願う霊が一枚かんでいる場合。これは、多くは他人霊、つまり血のつながりのない先亡霊が何かのきっかけで「ワシは、こうしたいんだ」と寄りかかったときである。この場合、一つのことがらはいちおう成就する。その際、こんな状態になって果たしてうまくいくのかどうか、という心配ごとが生じても、向こうから消えていく。

また、少しぐらい悪いことをしても、不問に付されて立ち消えになってしまう。そういう意味では、まずプラスといえる。

しかし、性格も感情も、また日常の生活も起伏に富み、極端から極端へ振幅《しんぷく》の激しい人生になる。朝は恵まれていても、夕方には落ち込んでしまう。きびしく激しい、いわばバランスの悪い人生である。長い一生を通してみると、時にはいいだろうし、時には悪いだろうとしか言いようがない。だからこそ、プラスであり、マイナスなのだ。

以上、①から③まで説明してきたが、そのうちどれか一つだけで生まれてきた、ということはまずない。②と③があわさっていたり、①と③の組み合わせで③の要因が強い、といった、さまざまな変化があるものだ。

次は、④の浮遊霊である。この霊は、実に力の強いものが多い。迷いに迷って、その時どきで、どうにでもころがる性格を持つ。このなかの強力な霊が憑《つ》いた場合、マイナスの結果が多く、プラスはひと握りにすぎない。

プラス面で言うなら、前人未到の高峰の登頂に成功するなど、世間を驚かす偉業をやってのける。マイナスの場合は、とんでもない罪を平然と犯して刑務所を出たり入ったり、などということになる。とにかく、瞬間的に覆いかぶさってくる浮遊霊は、ほとんどが、あり余る力を持ち、生まれた人物の肉体を占領して、世の中や霊界をさえびっくりさせるなど、自分の力を誇示《こじ》し、他に認めさせようという欲望を抱いている。圧倒的にマイナス人生をもたらすことが多いのである。

さらに、失業霊（乞食霊）・動物霊・凶霊などが受胎時に入り込んだら、目もあてられぬ始末となる。ねじ曲がった性格、常軌《じょうき》を逸した日常の行動など、世間のハナつまみになりかねない。

ここまで述べてきたことは、受胎時における霊の世界の成り立ちというものである。霊界の仕組みからみた「生まれつき」とでも呼ぶべきであろうか。

あなたも身のまわりを仔細《しさい》に観察すれば、たぶん、思いあたる節があるだろう。たとえば、あなたの子どもに、いくら勉強しろ、と口をすっぱくして説教しても、勉強するエネルギーを持つ霊が子どもに憑いていなければ、どだい無理なのだ。だからそういう場合は、守護霊なり、しかるべき力を持つ霊にとりなしを頼み、勉強なり何なり、それなりに専門の力を持つ霊を背後の霊として迎えることが必要となるのだ。

祖霊・守護霊・背後霊を知る

私たちの先祖には、神、仏、菩薩——呼び方はともかく、そういう存在になっている霊が数多くおられる。これは私だけでなく、あなた方それぞれの先祖にみな、おられるのである。

人間の知恵、常識、霊魂の状態は他の動物と比較にならないほど発達し、優れているので、現世を去って霊界へ移ると、千年もたてばすでに立派な格の高い霊になっていなければ嘘のはずだ。霊界で修行(ミタマミガキ)に励んでいれば、二千年、三千年とたったら、すでに神・仏の位置に立っている。古くなればなるほど、神・仏か、それに近い霊格を持っている、そう考えてまちがいない。

前著『霊は生きている』でも計算したとおり、一人ひとりの先祖をさかのぼって二十代前(約六百年前)になると、実に二百万を超す先祖がある。二千年、三千年前となると、これはもう、かぞえきれない数になる。そのなかには、立派に神・仏の状態にある霊が、それこそ無数にあるわけだ。

一般の人は、一定の建造物(神社)に祀られている方だけが神さまだと思っているが、これは誤りで、何々神という名前こそつけられていなくても、たくさんの埋もれた、〝無名〟の神々がおいでになる。このへんのことは、しっかり胸の底にたたきこんでおいていただきたい。

そのうえで、195ページの図を見ていただこう。

まず祖霊である。これは、私たちそれぞれの先祖で神仏の位にある方を、範囲をせばめて「祖霊」として表現しておいた。清浄霊であって千年以上も昔の先祖霊、と注釈してあるが、これはあくまで古い古い昔の先祖の霊という意味で、あなた自身の神さまであり仏さまである——ということだ。

それから守護霊。時には三百年前、あるいは六百年前ということもあるが、もっとも普通の場合、四百年から五百年前（十五代前後の昔）の先祖のお一人ということである。世間では守護霊を持てとか、いや守護霊を探せとか言う人がいるが、これは大間違いの表現で、守護霊は探し歩いたり、どこかから持ってきたりするものではなく、まちがいなく先祖霊の一柱であり、しかも、受胎時にいわば自動的に決定してしまうものなのである。胎内に生命が芽生えたときからあなたに宿り、あなた一人を守って、けっして浮気をしない。他人の霊を探してつれてくるような言い方は、感心できない。

重ねて強調しておこう。霊魂は浮気な性格のものが多いが、守護霊はあなたの生涯を通じて離れず、あなたが死んで霊幽の世界へ移行してのちも、守護霊として離れない。

背後霊は「凶霊」と「善霊」に大別することができる。

凶霊は、人間の肉体をこき使って自己の望みをとげようとはかり、目的を達したら、その肉体から離れていく。凶霊が離れてくれるのはいいが、それまでには、さんざん甘い汁を吸って吸い尽してしまうので、離れていったあとのあなたは、心身ともにクタクタになっていて、運命は急速に衰亡の一途をたどる。

神　仏

● **祖　霊**　清浄霊であって千年以上も昔の先祖霊（自分の先祖）

● **守護霊**　激しく霊界修行に努めている先祖（身辺を守りぬいてくれる霊）

肉体をこき使って自分の望みをとげようとする。とげたら肉体から離れる	清浄霊や霊界修行により守護霊と同格になっている霊

凶　霊　　**背後霊**　　**善　霊**

肉体をこき使って欲望をとげようとする

憑依霊

人

善霊は、霊界での修行によって比較的高い地位にあり、格としては守護霊とほぼ同格となっている。この善霊が背後霊として一生憑いていてくれれば、その人の一生は好調で、死ぬまで安定した生活ができるが、いかんせん、凶霊よりも浮気性で、ちょっとしたきっかけで背後から逃げ出してしまう。

たとえば、だれかが私のところへ相談ごとを持って訪ねてくる。その際、守護霊なり、心配してついてきたその人の先祖霊なりが、なんとか善霊を招いて背後霊に迎え、難問を解決してやってくれ、と頼んでくる。仕方がないので私は、霊界から護法さんなり、しかるべき霊を呼び迎え、背後について助けてあげてほしいと依頼する。

その結果、しばらく調子のいいことが連続するので、本人が有頂天になったりすると、さっそく離れていってしまう。四、五ヵ月たって霊査してみると、元の木阿弥《もくあみ》で、問題はいっそうこじれていたりする。ここで本人が沈み込んだりすると、背後霊は「こんなところにいても仕方がない」と、その家や肉体から決定的に離れ、逃げ出してしまう。

神霊の世界、特に護法や明神《みょうじん》は明朗活発な神々で、沈んだり悲しみに充ちたりの人間や家庭に居つくことを嫌うのである。護法さんとは、神仏を守護するために現われる鬼神で、一般には童子の姿をしているとされている。

守護霊と補助霊はこんな働きをしている

守護霊の働きについてもう少しくわしく説明しておくと、〝守り護《まも》る〟で、徹底的に防御の作用しか果たさない、ということである。

いかにも活動的に働く霊のように説明したり、書物に書いたりする人がいるが、これは間違いで、いろんなところから飛び込んでこようとしたり取り憑こうとする邪霊をはね返す働きが、主たる仕事なのである。

たとえば、子どもが友達になぐられそうになったとする。そこへ、父親か母親がスッと割って入れば、相手の子どもは逃げていく。

また、押し売りがやってきて主婦にうるさくつきまとう。そんなとき奥で黙って聞いていたご主人が、いきなり「いらないよ、間に合っているから帰ってくれ」と言えば、主婦ひとりとタカをくくっていた押し売りも退散してしまう。こういうぐあいの働きをするのが守護霊である。

また、自分が守っている人間の手におえない問題が生じたとする。そういう場合、霊界に呼びかけて、問題に応じて得手の霊、専門の霊を背後霊として招き、間接的に解決の道を開いてやる、などの働きをするのである。

男に憑く守護霊はまちがいなく男の先祖霊、女性に憑くのは先祖の女の霊と決まっている。では、先祖の誰が、その人の守護霊になるかというと、だいたい三百年から五百年以上たった先祖の霊がその資格を持っていて、地球が自転して朝から夜になるように、ほぼ順番が決まっているように思われる。ただ、うんと格が上の先祖霊が、こんど生まれる子にはどうしても、これだけの働きをさせたいから、あの霊をつけよう、という〝特命〟のような場合がないわけではないらしい。

おおむね、古ければ古いほど力が強く、守護霊としての働きも強力である。たとえ、一生のうちに紆余曲折《うよきよくせつ》はあるにせよ、社会で名を成すとか、会社や団体などで重要な存在として大きな働きをする人物には、三百年や四百年ではなく、八百年以上も霊界で修行した霊が守護霊として憑いている。私が扱った実例のうち、一番の若造《わかぞう》では三百八十年、もっとも古いところで千四百年ぐらい昔の先祖というのがあったが、その人の世の中での働きや地位は、憑いている守護霊の年代で、だいたいの見当がつくものなのだ。

守護霊には、その補助的な存在として補助霊がついていることがある。どういう経路で憑くかというと、先祖が頼んで迎えてくれた場合、守護霊が好きで寄り添ってきた場合、その人間が好きでやってくる場合と、だいたい三通りある。先祖が頼んでくれた補助霊は、どちらかというと威張っていて、頼まれた役割を果たすと立ち去ることが多い。他の二つの場合は、守護霊に従属して犠牲的な働きをするが、もっとも良いのは守護霊と補助霊が意気投合しているときで、これは長続きするものだ。

また、時期としては、生まれたとき、すでに補助霊がいる場合と、生後何年、あるいは何十年かたってから憑くときと、いろいろである。

守護霊は、でんと構えて動かないかわり、補助霊は自分の得意な分野で積極的に働く。だから、補助霊が憑いていると、その人の身辺に、うるおいが出てくる。

補助霊なしの守護霊だけ、という人のほうが多いのだが、補助霊がいる場合、運が強くなる。苦しいことがあつても向こうからその原因が解消していったり、思わぬ応援が現われたり、極端な場合は、法に触れるようなことをやってしまっても問題にされず、他人の噂も自然に消えていったりする。だから、守護霊に、いかに多くの補助霊をつけるかが大切になってくる。

補助霊にも、いろいろ専門分野がある。たとえば、経営や経済が得意だとか、建築が専門だとか……。さまざまな能力を持つ補助霊が多く集まれば集まるほど、その人の人生はにぎやかで恵まれたものになる。その人にマイナスとなる霊は、守護霊が拒否するから、補助霊はすべて、その人にとってプラスと考えて間違いないであろう。

守護霊が多くの補助霊を集めるためには、その人と守護霊との交流が密接でなければいけない。では、密接な交流ができるためにはどうすればいいか。祀ったり、拝んだり、祈ったりしろ、と言う人がいるが、そんなことより、常に私が力説することだが、陽気で明るい毎日をすごすこと。神霊の世界は、陽気で、さわやかな雰囲気を好むものだ。したがって、そういう生活をしていれば、自然に交流が深まるものなのである。

誤解されやすい守護神、その危険性

過去三十年余にわたる私の霊学研究と実践の結論から言うと、守護神とは、先祖が代々信仰していた対象の神霊を指すと考えられる。もっと押し詰めていくと、守護霊よりもっと古い先祖霊——三千年か五千年、あるいはもっと古い先祖で神の位に昇った霊と考えてもよいだろう。

これは、望んでもなかなか来てくれない。神ともなれば、そう軽々しくは降りてきてくれるものではないからだ。来てもらう方法がないでもないが、その家その一族によって千差万別で、一概には言えない。守護神がその家に鎮座している場合は、たいてい、神そのものの意志で来られることが多い。

何々神社が好きだとか、いやお不動さまがいい、私はお稲荷さんだ、とお参りし、祈祷を受け、お札をいただいて、「これこそわが家の守護神だ」とあなたは思っておられるかもしれないが、間違っていることがほとんどだし、そのうえ危険である。向こうの世界から、ご自分で勝手に来て、いろいろ支配されるのが本当の守護神なのである。それも、めったなことでは来られない。

自分の好みだからと、やたら見当違いのものを迎えると、実際にやってくるのは別のかなり力の強い霊だったりする。こういう霊は、その人の家族の体や心をこき使って、都合が悪くなると逃げてしまう。

神社でもお寺でも、いわゆる「ご分霊」をやっているところがあり、お札などを有難くもらって帰るものだが、そのご分霊（わけみたま）にはかならずもろもろの因縁がこもっているので、くれぐれも慎重に考えるべきであろう。

信長・秀吉・家康と神霊の力

群霊を駆使した弘法大師

弘法大師として知られる空海は、唐の長安で仏説を学び、帰国して真言宗をおこした坊さんだが、若いころ四国の山奥にこもり、雪中に寝て、野草の類を食し……など、すさまじい荒行《あらぎょう》を積んだ。霊能者、霊媒としての能力は、このとき恐るべき程度にまで高められたのではないか。

詩文に長じ、書道では嵯峨《さが》天皇と並んで二筆と称されるほど優れ、学問では仏教のほか儒教、道教にも精通していたが、調べてみると、人間的にはどうも欠点だらけの人物だったらしい。女性のほうも達者というか、大らかというか、とにかく相当なものだったようだが、群を抜いて力を発揮したのは、自分のところへ寄ってくるさまざまな霊――善い霊もあればタタリを招く凶霊、浮浪霊もあるのだが、それらを束にして強烈な霊力の集団として非常に巧妙に利用したことであろう。群霊を手なづけて、悪く言えばこき使ったのだから大したものである。

密教の高揚につとめ、高野山金剛峰寺《こうやさんこんごうぶじ》を拠点としたが、弘法大師が開発した霊場だとか温泉場などが各地にある。いまでも四国八十八カ所の巡礼が行なわれているが、これなど代表的な弘法大師ゆかりの霊場であろう。こういうことも、さまざまな霊を駆使する能力と霊感をそなえていたからこそできたことであろう。現代の人なら、寄ってきた霊に憑かれて肉体も心も酷使されて、さんざんな目にあっているにちがいない。

怨霊に殺された織田信長

空海は平安初期の僧侶だが、時代をぐっと下げて戦国時代に例をとり、織田信長、豊臣秀吉、徳川家康を比較してみよう。

信長は天下統一を目前にしながら、明智光秀《あけちみつひで》のため本能寺で非業《ひごう》の死をとげる。秀吉は一度は天下の権を握り、息子の秀頼《ひでより》に引き継いだが、結局はそこまでで豊臣の時代は断絶し、家康が奪い取って徳川三百年の基礎をつくった。この三人の運命の差は、いったいどこから生じたのか。

織田信長は幼時、狂気に近い傍若無人《ぼうじゃくぶじん》さで知られたが、父親の死後、離反しようとする重臣たちをおさえて清洲《きよす》城を奪取、一五六〇年、桶狭間《おけはざま》で今川義元《いまがわよしもと》を奇襲の突撃で破り、ついに覇業《はぎょう》の第一歩を踏み出した。政略結婚などによって近隣の諸豪族に接近しながら、は逆に打倒していく形で勢力を伸ばした。

信長はもともと強力な背後霊を持ち、しかも寄ってくる諸霊を酷使する力をそなえていたが、それが比類のない非情さ、残虐性として世間に誇示《こじ》され、恐怖の的となっていた。特に一五七一年、足利義昭《あしかがよしあき》と内応して比叡山延暦寺を討った際など、全山の堂塔伽藍《がらん》を焼き払い、僧侶は皆殺しにしてしまった。また、石山本願寺を中心とする一向宗の撃滅作戦では、一向宗の主力はもとより、女子や少年少女、乳児にいたるまで殺し尽している。のちに本願寺と和睦《わぼく》したあと、石山城を徹底的に破壊してしまった。

こんなことはほんの一例にすぎず、作戦上の必要や見せしめのためとあれば、女子供でも容赦《ようしゃ》なく惨殺し、神社・寺院も頓着《とんちゃく》なく踏みつぶして顧慮《こりょ》しなかった。こうして信長は世間では、ひそかに「魔王」と呼ばれて恐怖の的となっていたのである。

当時の寺や神社は霊力が集結し、発散する霊場に建てられており、現代以上にたくさんの霊が棲《す》んでいた。これらの霊が、一団となって魔王信長の敵にまわってしまう。おまけに、罪もない非戦闘員であるにもかかわらず、みせしめに殺された無数の女子供の怨念がからんでいた。

こうして、信長に憑いていた強烈な力を持つ背後霊群も、一つずつ離れ去り、消されていく。その結果が、非命に死すという、あの最期《さいご》を招いた。かつて彼が焼き討ちをかけた比叡山の僧たちと同様、猛火に包まれた本能寺で命を失ったのだから「因果はめぐる」のであろうか。

信長の個性があまりにも強烈であったため、危険をおかして諫止《かんし》しようとする者などいなかったし、また、怨霊を敵にまわすことの危険さを説くか、あるいは霊的防御線を張って信長を守る霊能者もいなかった。いたとしても、あきれ返って、離れていったことであろう。

鉄砲や長槍の採用による従来の戦術の改革、商業への積極的な介入・利用による豊富な軍資金の調達、新たな統治方式による全国制覇の偉業を目前にした英雄も、霊界に見放されては、もうどうしようもない。

霊エネルギーに負けた豊臣氏

水呑み百姓の子とも足軽の子ともいわれ、素姓《すじよう》もさだかでない浮浪児同然の状態からのしあがり、天下を統一した豊臣秀吉もまた非凡な英傑の一人といえよう。

彼の一代を入念に調べてみると、非常に人情の機微《きび》を察する術に長じていること、情況の変化に対応することでは常人には及ばぬ機敏さを持つこと、戦場においては兵站《へいたん》の確保にみごとな手腕を見せ、平時においては年貢・資金の調達に独特な手腕を発揮している。

秀吉の死後、家康は秀頼を攻める前に豊富な秀吉の遺金を食いつぶさせるため、あの手この手を使わざるをえなかったほどである。

秀吉の非凡な性質は霊感者のそれを思わせる面があるが、それはそれとして、彼も最期が悪かった。なんの利益もないのに二度にわたって朝鮮に出兵したのも、背後に憑いた霊の強力な働きがさせたと見てとれるし、実子秀頼への政権移譲を願うあまり、養子の関白秀次《ひでつぐ》を高野山で自殺させたうえ、妻妾、侍女、幼児にいたるまで殺してしまった。それまでの秀吉の手口とは違う、鬼気《きき》迫る何かがただよっている。

秀吉は晩年、京都の東伏見に隠居所として伏見城という根拠地を設けた。ちょうど、現在の伏見稲荷のあるあたりだが、これが良くなかったようだ。

土地の性質によって、もろもろの霊気の集まりやすいところと、霊気があまり寄らないところとがあるが、当時の京都は全国的にみて霊気がもっとも密集する土地柄であった。

秀吉は秀頼に政権を渡し、豊臣政権の永続化をはかるため、死の床で徳川家康や前田利家らに誓紙《せいし》を書かせたり、涙ながらに手を取って頼んだりしたが、結局は効果なく秀吉一代で終わってしまった。最愛の秀頼とその母淀君は、燃える大坂城の土蔵のなかで自害して果てる。これは、京都に集中していた霊気のサワリなのである。

天下取りに至るまで諜報謀略の名手であった秀吉も、老境に入ってからは、さすがに気力も衰え、霊障の恐ろしさに気づかなかったのであろうか。

徳川家康と霊感師の群れ

徳川家康は、昔から忍者を使ううえで格別の能力を持っていた。というより、たぶん、幼少のころから忍者と接することが多く、自然に要領をおぼえ、忍者を巧みに働かせる手段に長じたのであろうと思われる。

愛知県岡崎《おかざき》市には伊賀《いが》八幡宮という神社があるが、これを建立《こんりゆう》したのは服部半蔵正成の父親である服部半三保長ということになっている。服部家というのは、元来、伊賀の里の忍者集団（伊賀忍《しのび》）の宗家《そうけ》だが、一族のうち百人余りを引きつれて当時の足利将軍家（といっても名前だけの将軍だったが）に仕えていた。ところが、ゴタゴタがあって足利家から離れ、徳川家康の祖父にあたる三河の松平清康のもとへ移ってきた。このとき、半三保長と部下たちが元来の根拠地である伊賀上野から分祠《ぶんし》したのが、岡崎の伊賀八幡宮なのである。

服部一族を頭領とする伊賀者の集団とのつながりは、家康の祖父の時代からあったわけだ。伊賀忍者の歴史は古く、源平争乱のころ、武蔵坊弁慶らと並んで源義経の側近の武将と伝えられる伊勢三郎義盛は、伊賀出身の忍者といわれているし、南北朝時代、南朝側に立って勇戦した楠木《くすのき》正成《まさしげ》が伊賀の忍者四十八人を召し抱えて間諜《かんちよう》網を張りめぐらしたとされている。正成自身が、武将である一面で忍法に精通していたことはまちがいなさそうである。

徳川家康と伊賀者の集団をひきいる服部一族、特に服部半蔵との密接な関係は、あとでも触れるとして、この服部半蔵は、非常に優れた霊能者・霊媒とみてまちがいない。

家康は半蔵のほかにも、身辺に多数の霊能者を抱えていたふしがある。有名な天海《てんかい》和尚もそうだし、金地院崇伝《こんちいんすうでん》や講談で有名な大久保彦左衛門、柳生宗矩《やぎゅうむねのり》なども霊能者とみてよい、と私は考えている。

家康は、ことあるごとに彼らに相談したにちがいない。特に、二度にわたる大坂の攻城戦を経て豊臣家を倒し、天下を掌握したのち、織田信長がなぜ非業の死をとげ、全盛をきわめた豊臣氏が秀吉一代で命脈を断ったかをじっと考え、側近の意見に耳を傾けたにちがいない。特に自分の根拠地をどこに置くかについて、かなり深刻に配慮したはずだ。朝廷は京都にあり、したがって京都か、それに近い大坂（大阪）などが何かと便利かもしれない。しかし、豊臣家の例に見るように、当時の段階では京都や戦乱を終えたばかりの大坂などは非常によろしくないと見抜き、自分の根拠地としていた江戸を動かず、江戸の開発と発展に本腰を入れる方針を崩さなかった。

いま、東京は、戦災その他の事態を経て霊気の集中がかなり激しくなっているが、徳川初期の江戸は、さわやかで、カラリと霊的に澄みきった土地だったと思われる。霊的には、これが良かったのだ。

そのあたりを見抜くことができたのは、家康自身の霊的能力もさることながら、その身辺に、かなり高度な力を持つ霊感師・霊媒が集まっていたと推測できるのである。

服部半蔵は霊能者だった

服部半蔵と徳川家康の関係は、余人にはうかがい知れぬほど密接なものがあったようだ。忍者の頭領が抱え主との関係を、そうそう大っぴらにのぞかせるわけがないので、そのへんに小説家などが自由奔放《ほんぽう》に筆を走らせうる余地が生ずるわけだが、たとえば本能寺の変のとき、堺に来ていて兵力を持っていなかった家康が、大あわてで根拠地の岡崎へ逃げ戻った際、危急を救ったのは半蔵とその配下の伊賀者たちだった。

元伊賀上野市長・奥瀬平七郎氏著『忍法皆伝』によると、一五八三年六月、本能寺で信長が殺されたことを知った家康は、滞在中の堺を急ぎ脱出、伊賀の山を越えて伊勢に抜け、関を経て白子《しらこ》から船で領地の岡崎へ、という経路をたどったのだが、先導と護衛をつとめたのが半蔵が指揮する伊賀者で、加太《かた》山麓にさしかかった際、山かげに鉄砲を持つ数十人の猟師風の男たちが待ち伏せているのを発見した。地元である加太の豪士（甲賀系伴党の忍家）を呼んだ半蔵は、これをまんまと「智略遁《ちりゃくとん》」の術に引っかけ、待ち伏せ組を解散させてその勢力範囲外へ脱《ぬ》け出し、事なきを得たという。付け加えておくと、この『忍法皆伝』(上下二巻)は、なかなか興味深い内容なので、機会があれば一読されたい。

信長横死《おうし》直後の家康の脱出憚は有名だが、これに類する事態は、いくつもあったにちがいない。伊賀上野を領地としていた筒井定次《つついさだつぐ》を改易《かいえき》に追い込み、腹心の藤堂高虎《とうどうたかとら》を据えるまでのひと騒動など、家康と半蔵がぴったりと腹をあわせて謀略を仕掛けなければ、あれほどうまくはいかなかったであろう。

なにしろ、京・大坂と岐阜・名古屋を経て江戸にいたる幹線のノド首をおさえるのが、表は彦根、裏は伊賀上野であり、おまけにこの上野は、徳川家の政治謀略の実行機関である伊賀者の根拠地なのである。ここはどうしても、気心の知れぬ筒井家など追っ払って、忠実な藤堂に預けなければ安心できなかったのであろう。おかげで筒井家は内紛の火をつけられ、処刑者や流罪人《るざいにん》を出し潰されてしまった。

こう書いてくると、謀略の世界に暗躍する上忍の半蔵という印象がますます強まるだろうが、実は忍者の頭領としてよりも、先にも少し触れた霊能者としての側面を強調したいのが私の真意なのだ。

もともと、伊賀忍者の発祥の地であり、長い長い間、その根拠地となってきた伊賀上野は、ご承知の方も多いだろうが、周囲を山狭でかこまれた小盆地である。電車で入ってもいいし、自動車で入ってもいいが、とにかく、この盆地に入ると、なんとなくホッとした気分、落ち着いた心持ち・安心感がやってくる。

忍者の里、などというと無気味に思う人がいるかもしれないが、そんなことはない、明るく、すがすがしい盆地である。ここには、伊賀の国の一の宮である敢国神社がある。この神社は、古い古い昔から、伊賀の忍者が任務を負って出撃するとき、かならずひそかに参拝して神の加護と仕事の成功を祈り、無事に帰郷できた際は、自宅にワラジを脱ぐ前に、まず参拝し感謝の祈りを捧げたという、いわれのある神社である。

だいたい、忍者などという仕事は、闇の中で常人には見えないものを透視し、あたりまえなら聞こえない音を耳にとらえ、普通人には察知できない、ものの気配を感じ取る。そういう能力を要求されるわけだから、大なり小なり、霊能力者でなければつとまらない。何代も何十代も世襲的につづけられてくれば、そういった能力もさらに磨きがかかるにちがいない。

伊賀者の世界では、宗家は服部家だが、その下に北伊賀の藤林《ふじばやし》家、南伊賀の百地《ももち》家と二つの流れがあったと、奥瀬氏は述べておられる。百地家とは、例の有名な百地三太夫《さんだゆう》（百地丹波《たんば》とも）が戦国末期の当主だが、実はその百地家に対抗する形の藤林家の当主である長門守《ながとのかみ》もまた、仮面をかぶった百地三太夫その人だったという。それぞれの配下の中忍・下忍はまったくそれに気づかなかったようだ、と奥瀬氏は研究の結果、断定しておられるが、たぶんそういうこと、あるいはそれ以上に想像を絶する仕組みが働いていたのかもしれない。

話をもとへ戻すと、霊能者ぞろいの忍者たちのなかでも、服部半蔵は傑出した霊能力を持っていたにちがいない。伊賀上野の里で霊気を吸収し、絶えざる修練と、死ぬか生きるかの実戦をくぐり抜け、しかも、多くの部下を闇の世界に放って縦横に働かせていくのだから、これはもう相当なものだったにちがいないのである。

半蔵門と皇居をめぐる結界の威力

もう三十年余り前になるが、私が当時まだ生きていた師匠といっしょに身延山《みのぶさん》に登った帰り、師匠がある峠に立って、じっと目を凝《こ》らし、やがて、「どうも、東京の皇居の方角から強い霊力が出てきよる。一度、出かけていって調べてみんといかんなあ」と言ったことがあった。師匠はそれから間もなく亡くなられたが、たしかに皇居の周辺から一種の霊力が放散していることはまちがいない。

実は、私が足を運んで調べてみたところ、霊力の基点は皇居の門の一つ、いわゆる半蔵《はんぞう》門《もん》のところにあった。歴史的には、いろいろといわれがあるのだろうし、立札のようなものに書かれた説明書にも歴史上のいわくいんねんは簡単にせよ触れてあるのだろうが、そんなことより、その場に立って、私は強烈な霊力の衝撃を感じたのである。あの半蔵門には、いったいそれが何であるかは確かめていないが、恐るべき霊力を秘めた強力な霊が鎮《しず》めてある。いわゆる霊魂鎮《みたましずめ》がなされているのだ。そして、半蔵門を要《かなめ》として、皇居の周囲を取り囲む形で、私たちが言うところの〝結界《けっかい》〟が張りめぐらされている。

結界というのは、四隅を結んで(別に四隅にはこだわらず、一定の面積をかこむ、という意味に解釈してもらってもよい)、祈祷その他の霊力で防御線を張りめぐらし、邪とか魔、いわゆる〝邪魔〟が侵入できないようにすることだが、皇居のまわりには、とにかく恐るべき力を持つ結界が張られている。

それを最初にやったのは服部半蔵正成だろうし、そうだとすれば、半蔵は抜群の力を備えた霊能者であったわけだ。それ以後、もし結界の力が弱まりそうになったとき、誰かが、あるいは何かの力が働いて、皇居を守りつづけているにちがいない。

こうして、目には見えぬが服部半蔵の結界が、結局のところ徳川十五代三百年を守りきった。さきの第二次大戦で東京は焼け野が原となったが、皇居のなかはほとんど被害を受けなかった。その原因についてはいろいろな憶測がなされているが、一つには、というよりも根本は、この結界の力が大きく作用していると私は考えている。

敗戦の直後、「朕《ちん》はたらふく食っている、汝臣民《なんじ》、飢えて死ね」というプラカードと赤旗を掲げたデモの一団が二重橋を渡って乱入した事件があったが、それも一度だけで、あとは尻すぼみに終わったものだ。

武術の達人は霊感の持ち主

家康の身辺には、講談でおなじみの大久保彦左衛門という旗本が常に寄り添っていたが、彼なども、また、ちょっとした霊感の持ち主だと思われる。常に家康の周辺にいて、危険が迫った際、ピリピリとそれを感じ取る能力があったらしい。調べてみると、こんどこそ敵にやられてしまうという直前、家康を巧みに逃がしたことが何度もある。危険を感ずるという程度だったかもしれぬが、彼もまた霊能者と呼べよう。

柳生宗矩や宮本武蔵など、武術の達人といわれた人物は、ほぼ全部が霊感師であるか、あるいは人並み以上に霊感を備えた人物と考えてよい。相手の動きを霊感によって、いち早く察するから、一瞬早く相手を倒せるわけである。「君子危うきに近寄らず」で、危険なところは前もって避ける能力を持っていた。結局、そういう能力が、刀や槍を振りまわす物騒な時代に、七十歳、八十歳までも生き残りえたことにつながっていく。

宮本武蔵の師だったとされる沢庵《たくわん》和尚なども、霊感師の最たるものといってよい。彼は、いわゆる紫衣事件で徳川幕府と争い、一時は流罪《るざい》に処せられる、という硬骨《こうこつ》の僧だが、最後まで筋を通す生き方をつらぬいたのは、霊界からの教えと応援があったからではないであろうか。

現代人はなぜ霊能力を失ってしまったか

現代は、ごく特殊な人しか霊界と交信できないという、いわば半端《はんぱ》な時代になってしまったが、江戸時代まではかなり多くの人が霊界と交信できる幸せな時代であったと思われる。歴史上の有名な人物はたいていの場合、程度の差はあったにせよ、霊界交信のできる人たちばかりだ、と私はみている。

では、なぜ現代の人は霊界との交信ができなくなってしまったのか、という問題である。まず、第一の原因は日本古来の食物が変わったということ。明治いらい西洋はじめ諸外国から新しい、さまざまな食物が入ってきた。その結果、本来の日本人らしくない体質ができてしまって、これが霊界との交信の邪魔になっている。次に、生活様式がずいぶん変わったことだ。

たとえば、心配なことだろうとなんだろうと、ものごとは突きつめて考えていけば、霊感とまではいかなくても何かをチラチラ感ずるはずなのだが、なんといっても気をまぎらわせる場所が多すぎる。歓楽街へ行けば、パチンコ屋、ゲームセンターなど遊ぶ場所もあれば、映画館、飲み屋もある。家にいてもテレビ、ビデオがある。電気も点《つ》くし、昼も夜も区別がつかないほど明るい。だから、一時的にせよ、困ったこと、心配ごとから逃げることができる。したがって、ものごとにたいする集中力が薄くなってしまう。

昔は、日が暮れたら何もない。家の中はあんどんだけで薄暗いし、それも寝るときは消してしまって真っ暗になる。心配ごとを抱えて闇のなかで考えつめていたら、何かしら、ひらめくものがある。ところが、現代だったら、ことによると朝までだってテレビを観ていることができる。忘れてはいないにしても、心配ごとをやわらげるごとができるのだ。そうなると、人間、ヒラメキというものがなくなる。霊感というか、不思議なものが見えない、感じられないということになってしまうのである。

だから現在でも、断食《だんじき》したり、滝に打たれたり、深山にこもったりして霊感を得ようとする行者《ぎょうじゃ》がたくさんいる。これは、本来の日本人らしくない食事や生活環境から遠ざかるためで、たとえ三日でも五日でも現状から脱皮することによって、ふたたび、さわやかな霊感を、たとえしばらくの間でも取り戻そうとしているのだ。霊媒師・祈祷師・行者が上述のような〝行《ぎょう》〟をする理由は、それなのである。

もう、こういうことをやらなければ〝霊界交信〟ができなくなってしまったのである。

昔のように、真っ暗な闇のなかで考えごとをしていたら、集中力が発達する。集中力が強まれば、「無」の状態になりやすい。これが霊に通ずる道であり、「無」のなかから霊感に触れていくのだ。昔の人と、現代の人との違いは、どうやらそのあたりに起因するようである。

第四章◎神霊の国日本に棲む魔物とは

世界の霊力を吸引する影向線の不思議

霊感を求める人物が日本にやってきた

さきの第二次大戦の張本人は、ヨーロッパではドイツ、アジアでは日本であった。ところが、ドイツは長く東と西に分裂していたが、日本は一つのままであった。長い間、沖縄を切り離されていたが、それも返還されて一本である。ただ、日本の植民地だったお隣りの朝鮮は北と南に分裂して、いまだにザワザワと騒ぎが起きがちである。

二十一世紀を迎え、大規模なテロや局地戦争、民族紛争があとを絶たず、軍事上でも、また経済的にも政治的にも世界がガタガタしている。

ところが日本は、戦後五十余年、安保闘争のような騒ぎはあっても、あっという間に静かになり、平和すぎるほど平和である。クーデタもなければ、戦争もやらない。日本人といってもさまざまだから、家庭内・学校内暴力や、あるいは強盗・強姦などの事件は起こるが、治安は他国にくらべてまだまだ格段によい国であろう。

終戦後、「神国日本」などはウソッパチだとか、「神代」などなかったのだ、と侃々諤々《かんかんがくがく》の議論はあったが、これは戦時中のためにする極端な議論の反動で、とにかく、静かで落ち着いた国であることは誰もが認めるところだ。ではなぜ、そうなのか。

地殻の変動で陥没するとか、火山の大爆発で国土が四散し消滅するなどということが、地球上のあらゆる国で生じたとしても、最後まで残るのは日本であると私は信じている。地球全体の様相がどんどん変化し、諸外国のすべてが消滅したとしても、そのあとまだまだ五百年や六百年は日本は大丈夫であろう。日本が滅亡するのは地球上では最後の最後だと私は考えている。

『古事記』によると、この地球上に人類が芽生えた最初は遠い遠い昔のことだが、それよりはるか以前、地球には現代の文明より数段発達した文明が栄えた時代があったと考えられる。ところが、全地球を巻き込む大混乱の時代があって一切合財が消滅し、やがてふたたび、長い時間の経過ののち、人類が発生したという説もある。

それはともかく、古事記では、いまの日本の国から人類が生じて、それが諸外国に散っていったことになる。ほかにも『竹内文書』などの古文書がある。本物だ、偽書だと論争を招いた文書だが、いちおう二千三百年ほど昔のものとされている。それには半紙のように薄っぺらなもの——もっとも紙ではなく、鹿かなにかの動物の皮のようだが——に当時の世界地図らしい平面図が描かれている。これを見ると、だいたい現在の世界地図と符合するのだが、この文書でもまた、目本から神々がさまざまな外国へ派遣されて支配した、ということになっている。

古事記をよく読むと、ほんの一節に、小彦名神《すくなひこなのかみ》が、のちにエジプトのほうへ移って支配した、と記されている。

竹内文書の伝承や、その研究者の解説によると、日本は世界の中心である、ということになっている。日本を支配した神が万国の支配者でもあり、各国に王を派遣、または任命し、律法《りっぽう》を教えたとしている。

それによると、キリスト教の最高神エホバが実は、竹内文書に言うところの天一天柱主大神（アメハジメアメハシラヌシノオオカミ）のことであり、またユダヤ人最大の予言者であり指導者であったモーゼは、日本へやってきて十二年間修行し、神から十戒《じっかい》を授かってふたたびユダヤの民のもとへ帰ったと述べられている。

また、竹内文書では、キリストは十八歳のとき、垂仁《すいにん》天皇即位十年の年に日本へやってきて五年間修行し、ふたたびローマ帝国の圧制下にあったユダヤに戻ったとされている。おまけに、ある研究者によれば、のちにゴルゴダの丘で十字架にかかったのは身代わりになったキリストの弟で、キリストは嘆く弟子たちの前に現われ（復活）、別れを告げたのち四年かかって日本へやってきた。そして景行《けいこう》天皇即位十一年の年、青森県の戸来《へらい》で死んだことになっている。

『論語』で有名な孔子《こうし》や、その流れを伝えた孟子《もうし》、さらには仏教の開祖釈迦やイスラム教のマホメットたちも日本へやってきて修行を積んだとされている。

事実、青森県にキリストの墓だといわれている場所があるのは有名だし、日本の各地に、釈迦がここでどうした、という伝承がある場所が残っている。

こういう文献を読むと、なるほどと思われるから不思議である。江戸時代中期の国学者で、本居宣長《もとおりのりなが》らの師匠だった賀茂真渕《かものまぶち》も、キリストや釈迦、孔子の来日留学に触れている。このように、まるまるつくられた話だとは言いきれぬふしがある。現代でいえば、霊感をつけたいため行者が滝場へ行って修行するように、釈迦や孔子とまでは言わないが、諸外国の人たちのうち霊感を身に備えたいと願う者が日本へやってきて修行した、ということがあったのかもしれない。また、霊的な側面から見ると、そう考えても不思議でない点があるのだ。

影向線《ようごうせん》はそれぞれの霊域を結ぶ

聞き慣れない言葉を使って申しわけないが、「影向線《ようごうせん》」というものがある。

影向とは、辞書によっては「神仏が一時姿を現わすこと」などと書いているが、要するに、強力な霊力の発現とでもいおうか。その霊力の発現する場所（霊場・霊域）と、他の霊場との間には霊力の引っ張り合い、吸引力の緊張が生じる。この引き合う線を、私たちの間で影向線と呼んでいる。
左ページの図を見ていただきたい。

かりに、中心にあるAがあなたの家だとする。周囲にいくつもの神社や寺院がある。昭和になって建てられた神社や寺、地蔵像などはかならずしも霊感で探った霊域ではなく、便宜的なものが多いのであてにはならないが、明治時代に入るまで、つまり江戸時代までは、ほぼ全部が霊域・霊場、つまり霊が集まりやすい場所を選んで建てられている。また、その土地で暴れまわる霊群を、仕方なく神杜やお寺に鎮《しず》めたものもあり、これまた強力な霊域を構成している。

神社や寺院から発現する霊力は、目には見えないが、おたがいに引っ張り合っている。点線で示した線が、ここでいう影向線である。Aというあなたの家は、北の寺院①と南の神社⑤、③と⑦の東西、あるいは②と⑥、④と⑧の線の結合点に位置しているというわけだ。

あっちの霊城も引っ張る、こっちの霊場もエネルギーを発散させて引き寄せる。Aさん宅は、引き合う力の線が交差しあっているので、比較的安定しているといえよう。

この関係を世界地図、あるいは地球儀の上で眺めてみるとしようか。東西南北、あらゆる方向にある世界各地の霊域から引っ張る力が入り乱れる。そのうちもっとも力の強いの

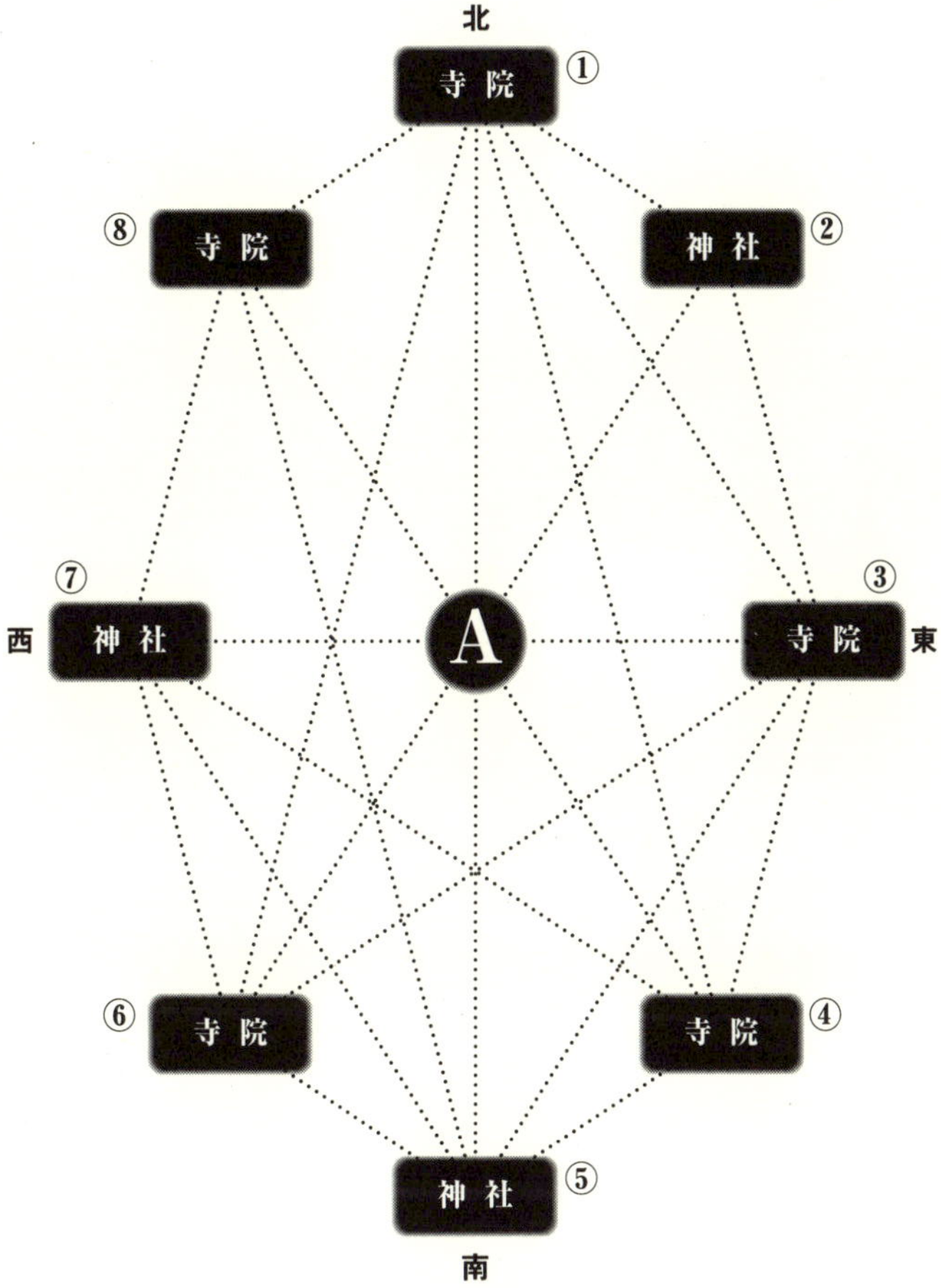
北
寺院 ①
神社 ②
寺院 ③
東
寺院 ④
神社 ⑤
南
寺院 ⑥
神社 ⑦
西
寺院 ⑧
A

が北の方向からくる霊力である。磁石が北を指すのも、ある意味ではそのためだし、そのサワリ（霊障）がいちばん恐ろしい。

こうして引き合っている世界の霊力の中心点、極点にたっているのが日本列島である。ただし、日本列島といっても、北海道を除く青森県から四国を含めて九州の北半分ぐらいまでがそうなのである。日本には近いが、朝鮮半島などは、はずれている。

ヒマラヤとかインドの山奥、スリランカのある土地、中国の山の頂上、エジプトその他、霊力の出発点は各国にあるが、中心点を占めるのは日本しかない。

だからこそ霊的には安定しているし、各国から霊が吸い寄せられるようにやってくる。アメリカなど、まことに大ざっぱなものだが、日本はこの狭い国土に霊域・霊場がいっぱいある。

また、あらゆる宗教が日本にはある。神道、仏教はもとより、キリスト教もヒンズー教もイスラム教も、あらゆる宗教が入ってきて、しかも、それなりに整然と、自然に融け込んで生活している。外国人が不思議がるほど、いろんな宗教がそれなりにやっている。

朝鮮、中国、モンゴル、ロシア、東南アジアの各国、そういうところから日本へやってきて、帰化していった時代がかつてあった。その原因は、影向線のせいなのである。

日本である程度の霊感を身につけ、インドやスリランカなどに高額の給料をもらう約束で出かける坊さんがいる。本人は永住するつもりで行くのだが、二、三年たつとただの人になってしまうことが多い。日本を離れるとダメだ、ということのようである。拳法とか、その他の武道にしても似たような話を聞く。外国へ教えに行っても、ときどき日本へ帰って何年か修行しなおさないと、どうしようもない場合があるようだ。

霊の国日本へ、あるいは『古事記』でいう神国日本というのは、こじつけや、でたらめとは言いきれない。影向線の交錯する極点に在ってもっとも安定し、世界の各地から霊を吸引している。だから地球のあっちが崩れ、こちらが滅亡するという事態が生じても、最後まで残るのは日本だと、私は断言するのである。

そのかわり、世界の各国から叩かれもするし、ある程度は犠牲にもなる。なぜなら、各国の霊を引き寄せるということは、霊にともなう因縁も招くことになるからだ。因縁の強い国だから仕方がないのであろうが、たとえばODAなどで経済的にいろいろ援助し世話しても、悪口を言われ、なかなか感謝されるということがない。

私が霊力を感ずる神社・寺院と霊場

それにしても、江戸時代までの人は霊的に眺めると偉かったといえる。彼らが建てた寺院、神社は、検討していくと、ピタリピタリと霊場・霊域に合致しているのだ。

私などの場合、京都の私の部屋に座っていると、それまで一度も見たことのない土地の風景がすうっと視《み》えてくることがある。それからしばらくたって、あるいは何年かのちに忘れかけたころ、用事があって車や列車で出かけ、窓の外を眺めている。すると、「あれ、ここは前に見たことがある」と感ずる。いくら考えても、一度も来たことのない土地である。思い出してみると、自分の部屋でかつて眺めた風景なのだ。強く心がひかれるので、そこへもう一度、実際に足を運んでみる。すると、強烈な霊力を感ずる。「ああ、ここは私のゆかりの霊場なのだ」と思い知るわけである。

昔、霊場を探りあて、神社や寺院を建てて祀った人も、そんなぐあいだったのではないかと、私は推測している。

魔物はどこに潜んでいるのか

こうして魔物は発生した

天津神《あまつかみ》（天神《てんしん》）系と国津神《くにつかみ》（地祇《ちぎ》）系の闘争、そして闘争をくり返しながらも両系統の神々の交渉が生じたことが、日本の信仰体系に大きな影響をあたえたことはまちがいない。

ヒマラヤあたりから出発し、紆余曲折《うよきよくせつ》の経路をたどりながら日本へ乗りこんできた天津神信仰の天孫民族は、国津神系の先住民族や土着民族の征服・懐柔《かいじゆう》に取りかかった。何しろ、先進的な新兵器を持ち、先住・土着の種族より進んだ文化を持つ天孫族だから最後には勝利を収める。しかし、何百年もの期間、血塗られた葛藤《かっとう》が絶え間なく生じたと考えられる。

天孫民族が流れ込んできたというのも、はっきり日本を目的として、というより、前節で述べたように、霊場を結ぶ影向線に吸引されてきたのであろうが、彼らには彼らが信仰する神があり、祭祀の様式があった。ところが、先住・土着の民族にも神があり、祭祀のための儀式があったのである。

天孫族は、先住・土着の氏の祭祀を否定し、いまふうでいえば神棚・仏壇・墓なども打ちこわし、焼き払い、自分たちの神への信仰、自分たちの祭祀の様式を強制した。先住・土着の民の祖先霊、神は、これを封じ込め、あるいは無理やりに鎮《しず》めたりした。焼かれ、埋没させられた霊は、長い年月、怒りに燃え、荒れに荒れて、それこそ荒れまくった。さまざまな怪異現象、タタリ、霊障となって、のちのちまで人々を恐怖のドン底に突き落とした。これが、いわゆる「魔物」の始まりの一つである。天皇をはじめ当時の豪族が、このタタリ、サワリを非常に恐れていたことは、いろいろな記録に残されている。

そんなところへ仏教が入ってくる。祖先神、祖先霊の祭祀を禁じられていた先住・土着民の末裔《まつえい》はよろこんで、仏さまを祀るという形で祖霊の祀りを復活させた。支配層は最初、これを見て見ないふりをするが、やがて、天皇を先頭とする支配層も、自分たちの神の祭祀のほかに、仏教信仰の形で、タタリをなす怨霊を封じ込めるため壮大な寺院を建てたりしはじめる。

こうなると先祖そのものは、先祖代々の祀りごとを要求するし、先祖が求めれば子孫がその気になるのは当然だから、仏教という名で祖先神を祀ることが一般化してしまう。

そういうわけで、仏教伝来後、何百年かの間に怒り暴れていた祖先霊のうち、鎮まっていった例が非常に多い。「魔物」が「魔物」でなくなったわけである。しかし、現代のいまに至るまで、「どうにもならん」と怒りを解《と》かず、魔物だ、タタリだ、と恐れられているものも残っている。もともと、この種の魔物をつくってしまった元凶は、神代《かみよ》の時代の天孫族のやり方にあったのである。

恐山には妖異が棲んでいる

また、別の形での「魔物」もいる。神代からのちも、長い長い年代にわたって台湾、スリランカ、インド、朝鮮、中国その他、さまざまな国から、人間だけでなく、影向線に引っ張られて霊が日本へ寄り集まってきた。これらをひとまとめにして「外来霊」ということにするが、外来霊のうち、うまく祀られ、鎮めてもらえた霊はいい。たとえば、稲荷系でいえば豊川《とよかわ》稲荷がそうだ。これはたぶん、スリランカあたりから湧き出した神であろう。それに、伏見稲荷なども外来霊、いわゆる「まろうど神」である。

ところが、はるばるやってはきたが、祀るにはおよばずと、はね返される霊も少なくない。あがめ奉って、鎮めてもらえないから、どこか納まる場所を見つけなければならない。外来霊が日本へ来たとたんに〝食いつめ者〟になってしまったのだ。

そういう霊が引き寄せられていったのが、東北の恐山《おそれさん》である。こういう食いつめ霊が集まるところは、私が視《み》たところでは東北地方がもっとも多い。恐山以外にもいくつかある。

中部、近畿のほうは、気候が温暖で、産物も多く、資格を持った神々が、すでに祀られている土地が多い。そんなところでウロウロしていると、既存の神から、「そこからここまではワシの土地だ、出ていけ」とばかりに入り込むのを防御される。

いきおい、そういう防御線の張られていない東北の奥羽地方のほうへ集まっていく。代表的なのが恐山というわけだ。不遇で恵まれず、不満を抱いた荒ぶる神がいっぱいいるのである。これまた「魔物」と呼んでいい。恐山は魔の山なのである。

恐山の巫女《いたこ》が、口寄せの際、突如として威丈高な口をきくのは、巫女がそんな人物なのではなく、憑いた荒ぶる神が言わせているわけだ。長い長い間、恵まれずにすごしてきた霊だから、口調も荒っぽくなりがちである。

こういう霊は、どういうわけか、荒唐無稽《こうとうむけい》の姿形をしたものがほとんどである。たとえば、顔は牛で手足は人間の形とか、奇怪なものが多い。該当せず、祀るにおよばず、と決めつけたのは、やはり、その時どきの霊媒がパッとその姿を霊視して決めたのだろうと、私は考えている。

こういう食いつめ霊の集まる場所は、近畿では例外的に箕面《みのお》のそばに一ヵ所あるが、なんといっても奥羽に多い。観光地として有名になったが、憑かれたり、霊障を招いたりすると面倒なので、うかつに近づかぬほうがよいようだ。

魔物がすなわち不浄霊ではない

では、これらの魔物と見なされる霊は、果たして不浄霊なのか、という疑問が湧くが、不浄霊ではけっしてない。霊界での修行を積み、いわゆる「みたま磨き」は完全にできている。ただ、恵まれていないだけなのである。

同じ日本人でありながら、かつては士農工商の身分があったように、心霊の世界でも各級の格があるが、そのなかでも魔物は段階が最低のものと見なされ、嫌われるような仕事ばかり押しつけられている。たとえば、地獄の閻魔《えんま》とか鬼、あるいは三途《さんず》の川で亡者《もうじゃ》の衣をはぎとる奪衣婆《だつえば》などの仕事——ああいうことは誰だってやりたくないが、誰かがやらねばならない。神々のうち、誰かがやらなければならないのだが、やりたくはない仕事——そういう仕事を押しつけられているのが、恐山など、主に東北に追いやられた「魔」と呼ばれる神々なのだ。

なぜ、オレたちだけが、こういう仕事をやらされるのだ、という不満でいっぱいなのが、これらの魔物である。

同じ東北の霊山でも、月山《がっさん》はかなり違う。ここには、純粋に日本古来の神であったが、神代の時代に封じ込められてしまったものと、その神々を慕って外国から集まってきた

「まろうど神」との二種類の神々が鎮座している。恐山のような食いつめた霊の吹き溜りではない。祖先神がなんで封じ込められ、こんな働きしかさせてもらえないのか、という不満はあっても、恐山とはおのずから神格が違うのである。

日蓮・空海による魔物退散法

さて、この魔物退散の法があるのか、ないのか、という問題になる。

もし、あなたの先祖が代々、この魔物と呼ばれる神々を信仰していたとすれば、これはもう退散させるもヘチマもないが、そうではないとして、たとえば魔物が寄ってきて、あなたをやっつけようとしたとする。そんなとき、あなたが知っているかいないかは別として、あなたの守護霊、背後霊、あるいはあなたの背後の神々が働いて、さっと防いでくれるはずだ。ただ、あなたの側に立っている霊や神が、それだけの力を持っていなければいけない。だから、魔除け法とか、魔物退散法とかいっても、根本は身辺に力のある霊や神が憑いておられるかどうか、ということになる。たとえ、一時的に魔物にしてやられても、やがては、霊や神が防いでくれるからだ。

ただ、あなたの感情の起伏が激しく、平静さを失いがちだったとすれば、霊や神が手助けする前にやられてしまう。

大昔から魔物退散の加持《かじ》だ祈祷だ呪文だと、いろいろやっているが、決定的なことは自分の身辺に集まっている霊界の方がたの働きいかんによる、と私は考えている。

日蓮は、魔物を使ったり、縛ったり、追いはらったりするうえで、非常にすぐれた能力を持っていた。そのための呪文も、次々に編み出した。日蓮宗のお経は呪文だらけといってもいいぐらいである。

たとえば陀羅尼《だらに》経（正確には『仏頂尊勝陀羅尼』）の一節には「マニマニーマカマニータタボダー」などという部分がある。私に言わせれば、これは呪文経である。日蓮が編み出した呪文ばかりをつないでお経にしたものも別にある。日蓮は、悪魔退散の修法をよくやっていたのだ。

弘法大師の空海も、前の章でも触れたが、魔物にたいする特別な能力を持っていた。真言宗でよく唱える「南無遍照金剛」というのも呪文だし、釈迦の「南無阿弥陀仏」という言葉は、霊感を得て編み出されたもので、これすらすでに呪文である。阿弥陀さんに身も心もささげますから助けてください、ということなのである。それに、釈というのも、「つくな、寄りつくな」という呪文である。

神道と仏教をごちゃまぜにしたようなところがある密教――この流れにも、呪文がたくさんある。

釈迦も空海も日蓮も、霊感を受けてそれぞれ呪文を編み出したのだろうが、その呪文を言葉どおり、一言一句正確に唱えたとしても、はたして効果があるのかどうか。

稲荷系統の狐は自然神

これは魔物とはまったく違うが、豊川稲荷などの稲荷に触れたので、もう少し言葉を添えておきたい。

昔、応神天皇のころ、秦氏《はた》が日本へ渡ってきて帰化した、とされているが、この秦氏が中国のある地方を支配していた神の分霊をもちこんできたのが稲荷系統だと、私は考えている。

稲荷というのは自然神だと思う。何もないのにサッと風が吹く。海辺に立つと、風もないのに波が立つ。うまく表現できないが、形は見えないくせに風や波を起こす力を持った神、これが自然神である。もちろん、風や波は、現代の気象学や物理学などで、いちおうの説明はつくが、それだけでは説明しきれないものが残る。そういう力を持った神である。この神のもともとは、人間でも動物でもない、木でもなければ石でもない。要するに姿や形のない霊力を持ったもの、である。

この自然神は、狐や狸、蛇などの動物霊を使いこなすのが非常に巧みで、そういうことから稲荷は狐を使うとされているようだ。

この稲荷系統は、現在も日本で栄えている。

強い霊力を持つ天狗は魔神

天狗とは何か、という質問を受けることがある。

深山に棲《す》み、姿形は人間だが、鼻が恐ろしく高く、顔は真っ赤で、神通力を持ち、翼があって自由に空を飛び、というのが、まずおおよその人々の概念であろう。手に羽ウチワを持ち、それで煽ぐと風が起こる、ともされている。

想像上の姿は別として、私が追究してみたところ、もともとは自然神、自然霊の一つであるようだ。川とか平野とかの土地柄で区別するとすれば、あきらかに山の神さまである。深山では、さまざまな怪異な現象が起こる。そういう現象を生ずる力の源泉の一つとしてのこの神を発見し、恐れ敬い、信仰しはじめたのが最初であろう。信仰の主体となったのは、中国山脈から奥羽地方にいたるまで、日本の背骨のような形で連なる山脈――この深山を自己の生活の場とし、めったなことでは麓《ふもと》へ降りてこなかった部族＝山の民であったことは、もうお気づきであろう。こういう人たちは、一年も二年も、あるいはもっと長い間、平野部で暮らす人々と接触を持つことがなかった。

こういう人たちは、猿や空を飛ぶ鳥や、あるいは山犬、猪などと日常接している。恐るべき力を持った自分たちの神＝天狗の姿をいろいろ想像しているなかから、身近に接している動物たちを組み合わせ、それに仮託して最初に述べた天狗像ができあがったと推測できる。

しかし、もともとは山に棲む自然神・自然霊だから、姿や形はないのが本来なのだ。古くからいる山の民が信仰し、恐れ、祀った神だから仏教伝来以前から存在した神霊だが、仏教が入り、特に深山での修行を重んじた密教が普及するとともに「天狗」の力が一般にも認識されるようになった。

京都・鞍馬《くらま》の山で源義経に武術を授け、兵法を教えたのは天狗ということだが、この話はまた別の機会にゆずる。

いまでは、たいていの神社に天狗族がたむろしているが、これははっきり言って、神霊のなかでも魔物のうちに入る。しかも、恐るべき霊力を持っている。この天狗にさらわれるというか、天狗に憑かれてこき使われたら、大きな事故を起こしたり、大失敗をやったり、とにかく手痛い目にあう。逆に、その天狗を使えば、大成功をおさめたり、あんな人があれほどの仕事を、と世間の人が驚くようなことをやってのける。

竜神の霊力をあなどるなかれ

竜神は巨大な霊力を持つ神である

近ごろ「竜神」信仰がますます盛んになってきた。俗に天狗・竜神と並べて語られることが多いので、天狗に触れたあと、竜神についても述べることにしたわけだが、天狗とちがって、竜神はけっして魔物ではない。

それどころか、普通の神々よりも、もっと強力な霊力をそなえた恐るべき一群の神々と考えるのが妥当だと私は見ている。なぜそうなのかということは、あとでゆっくり述べるとして、私たちの頭のなかで竜とはどんな形をしていると考えられているであろう。

まず、胴体は巨大な蛇の形をし、固く強いウロコが鎧《よろい》のように覆っている。目玉は鬼のように輝き、四本の足を持つ。そして、翼のあるものとないもの、角のあるものとないものとに分かれるが、ともに雲を呼んで天に昇るとされている。

いうならば、巨大な爬虫類《はちゅうるい》の一種に仮託し、想像のうえで神格化された存在で、現代の人間で、実体としての竜を見た人は誰もいないはずだ。いたとしても、ごくひとにぎりの人が、霊夢・霊視によって視《み》ることができたにすぎない。

ところで、竜または竜神についての記述は、古くから洋の東西を問わず残されている。

古代ヨーロッパや古代中国での竜の位置づけ

ヨーロッパおよびその周辺では、概して悪と暗黒の化身《けしん》とされ、はなはだしいのは、毒や火を吐き、美人のお姫さまをさらって英雄に退治される対象となっている。旧約聖書や新約聖書にも姿をのぞかせ、天使に刃むかう年を経た蛇であったり、蛇に似た海の怪獣にされたりしている。

インドあたりでは、毒蛇の害を恐れたせいか、最古から蛇神崇拝の対象とされ、雲を呼んで雨をもたらす力があると思われた。そのせいか、竜は人間にとって善悪二面を持ち、雨によって五穀豊穣《ごこくほうじょう》を招く善竜もあれば、凶竜は逆に人畜に害をおよぼす。八大竜王などは、前者の善竜を統率する強力な竜神で、仏法護持の働きをするとされてもいる。

竜神はまた珠《たま》（如意珠《にょいしゅ》と呼ばれる）を持ち、これによって人間に家畜その他の財産や子宝を授ける力を持つとも信じられた。

要するに、インドにあっては、善悪両面の霊力を持つわけである。

これが中国になると、一般と高い位に据えられ、皇帝の宮殿や廟《びょう》などの装飾を見ればわかるように、ほうおう（鳳凰）、きりん（麒麟）、かめ（亀）とならんで、竜は神秘的な動物の一つとして扱われている。『山海経』『春秋左氏伝』などにも姿を現わすし、例の『易経』の六十四卦の冒頭に出てくる乾《けん》（乾為天）の卦に堂々たる雄姿をもって登場する。

中国においても竜は、水または雨と関係が深く、星座ともからんで空を飛ぶ霊力を持つとされている。海上に発生する竜巻や雷による電光などにもかかわりを持つとみられる。

昨今、よく読みなおされている『三国志』や『三国志演義』などでも、野にひそむ英傑知謀の士を持ち上げて臥竜・伏竜と表現しているように、竜は神秘的な霊力を持つ存在なのである。

抹殺された竜神が怒り狂った

さて、肝心の日本だが、わが国の竜神信仰は、中国、朝鮮を経由してもたらされた、という考えが根強くあるようだ。しかし、私はちがうと思う。中国・朝鮮から渡来する以前に、日本にも竜神信仰という一種の祖霊崇拝の原始的信仰があったと考えている。

ヨーロッパや中近東、そしてインド、中国や朝鮮においても、竜や竜神はもっぱら人間が恐れおののくべき対象の象徴的な存在としてとらえられ、インド・中国・朝鮮などで一部がわずかに正義の者を加護する神霊とか、皇帝・天子ら権力のシンボルとなっていったように思われる。

しかし、日本においては、吉祥神《きっしょうじん》、水神、海神そして農耕神として、古くから崇敬されていた。日本の土着もしくは先住の部族は、早くから竜神を自然信仰の対象として祭祀していたのである。

吉祥神信仰は、運気が高く天に昇ることを願ったもので、竜が天に駆け昇るところから出たものと思われる。のちに、これが仏教と習合して吉祥天信仰となった。吉祥天は女神だが、手に如意珠を持つところは、インドの竜神が如意珠を抱くのと符合している。

水神は、農民の雨乞いや治水、そして生産を助けるものであり、海神は航海や漁撈《ぎょろう》を助ける神とされている。農耕神は、これはもう説明の要はないであろう。いずれも〝水〟と深い関係を持つ竜神信仰でありながら、竜神の名は、なかなか表面に出てこない。これはなぜか？　『古事記』はさまざまな神々の名を数多くあげながら、「竜神」の文字は、まずもって記載しようとしない。

わずかに第十二代景行天皇の即位四十年、皇子日本武尊《やまとたけるのみこと》を東北の蝦夷《えみし》退治にさしむけた際、日本武尊は舟でまず上総《かずさ》へ渡り、陸奥国《みちのくの》と転戦したが、その途中、舟で渡った浦賀《うらが》水道（走水《はしりみず》の海）では渡りの神がすさまじい波浪を起こして邪魔したため、日本武尊の女房である弟橘姫《おとたちばなひめ》が海中へ身を投げて波をしずめた——と記述してある。

この渡りの神が竜神と思われる海神なのだが、おそらく竜神らしいものが出現するのは、記紀のなかでは、これが最初ではないだろうか。

日本の原住民ないし先住民が祀っていた竜神は、あとから日本列島へ乗り込んで征服していった天津神系の天孫族（天皇系）のため埋没させられ、抹消され、記紀のうえでも無視されていたのではないだろうか。

無視され、抹殺された国津神たちの怒りが何百年もの間つづき、ついに景行天皇の時代にいたって荒ぶる神の一つを表面に出さざるをえなくなった。それが、この渡りの神（海神＝竜神）だったのではないか。この時代、サワリやタタリを起こす荒ぶる神々（抹殺された国津神）と、それを信仰する荒ぶる人びと（自然信仰をつづけてきた原住民・先住民）をおさえきれなくなったのではないか。かくれ神＝かくされ神を、ほんのちょっぴりでも表面に出さざるをえなくなったのだと考えられる。

全国で十万社が竜神を祀っている

約二億二千万年前から七千万年前までの中生代、地球上には広葉樹が繁茂し、巨大な爬虫類が出現した。この動物は、幾多の変遷をとげながら、変化・進化して現代の蛇その他となって生きているわけだが、これらを生み出したエネルギー、創造の力を、神と称してうやまったのである。

現代に生きる私たちには想像もできぬ神秘のただよう神代に凄んだ「日本原人」は、巨大な爬虫類やその他の動物を生んだ恐るべきエネルギーの前に恐れおののいたことであろう。

原人・原始人たちの、ほとんどすべてが霊感者、もしくはそれに近い存在だったとしても不思議ではないと私は考える。彼らは見たのだ、聞いたのだ。宇宙初発の神を、爬虫類創造のエネルギーの神を。そして、彼らは、この力・エネルギーにあふれた神を祖神霊として信仰、祭祀したのである。それが、日本における竜神信仰のそもそもの発源であったと考える。だから私は、竜神とは、自然信仰の一つであるというのだ。

ところが、ずっと後に日本へ乗り込んできた天孫族ら外来部族は、自分たちの部族の信仰と合致しないため、旧来の信仰を禁じ、崇敬の対象となっていた神々を抹殺してしまったのである。だから、『古事記』や『日本書紀』などには掲載しなかった。

しかし、いくら抹消しても神霊や心霊は活きつづける。あらゆる手段で弾圧に抵抗するのは理の当然ではないか。こうして、疫病とか暴風、洪水などの災害を生み出し、人びとの肝を冷やさせるのである。

現代にいたっても、拝み屋さんによっては、個人のささやかな霊障でさえ、竜神系の心霊のサワリだと告げることが多いそうだ。本当にそうなのかどうか、私には見当もつかない。否定も肯定も私にはできない。

いま、日本全国で竜神系を祭祀する神社は、社祠《しやし》を含むと十万社を超すといわれている。社祠とは、村や町内の人びとが、昔から祭祀・信仰してきた小さなお社《やしろ》や祠《ほこら》を指す。

この十万社のうち、大社、名社、古社、村社は約七百社にすぎない。これらの神社はいずれも、天孫民族系（これには天津神系のほか、のちに加わった国津神系も含まれるが）と和解が成立した国津神か土着神が祭神になっていて、竜神の名を主祭神とした神社はない。たまたま竜神名があげられているとしても、主祭神のお使い番として社殿に扱われている程度である。

竜神を主祭神としているのは、代々のサワリやタタリを恐れるあまり、村民や町民が建てた社祠にすぎない。おまけにその数が十万社のほぼ全部を占めているのだから、「バカにするのも程度というものがある」とばかりに竜神が怒るのも当然というものだ。皇紀まさに悠久《ゆうきゆう》三千年になんなんとしている。この長い間、辛抱してきたのだから竜神の怒りが爆発点に達しつつあるとみてもいいであろう。

戦後の新興宗教に竜神信仰が多いのも故《ゆえ》なしとはしない。また、世間で何かと取沙汰される人物の背後に竜神系、もしくはそれに従属する霊を私はしばしば視《み》る。不満を抱く霊が、ぞくぞくと竜神の傘下に集まりつつあるのが霊界の最近の動きなのだ。

真の竜神というのは、天地初発に爬虫類を創造した神々を指すのであって、けっして、もともとサワリ・タタリを事とする神ではないが、三千年間、積もりに積もった憤懣《ふんまん》は、もうどうしようもないであろう。古い古い、人類の祖霊よりもはるかに昔の神であるため、霊力もまたケタはずれに大きいのである。

各種の竜神祝詞を読み合わせ、私なりに解釈すると、竜神とは天地に自在な動きをし、天地を自在に動かす「生産と支配」の神である。同時に、諸事、自由自在に活動し、病災を祓《はら》い浄《きよ》め、心願・大願を成就させる神とされている。よくよく心して、けっして粗略に扱ってはならない。

おわりに

おわりに

実を申し上げると、この約十年、私は本の執筆活動を休止していた。もちろん、断りきれない依頼もあるので原稿の執筆は折々にしていたものの、多くの読者を対象にして霊幽界を知ってもらおうという意図での出版は、たびたび誘いを受けたが固辞していた。

ほぼ十年前というのは、この日本じゅうがバブル経済にうつつを抜かし、だれもが守銭奴、餓鬼道に堕《お》ちたかのような振るまいをくり返し、あげくの果てには、バブルが崩壊して頭から冷水を浴びせかけられたような世相のころであった。

その私が、なぜ今回、本書と姉妹書『霊は生きている』を立て続けに世に問う気持ちになったのかは、いささか説明を要する。

それは、この数年、霊たち、なかでもタタリ霊の仕業《しわざ》だと思われる凶悪犯罪、社会的な事件が頻発、多発していることに起因する。最近の霊の立ち騒ぎは看過できない粗暴化、複雑化の傾向が感じられ、くわえて集団呪詛《じゅそ》的にその力を発揮するようになった。群霊化とはその意味である。

ところで、一般にタタリ霊とはなんであろうか。人間だったらだれでもついている守護霊の目をぬすみ、私たちに取《と》り憑《つ》いてはさまざまに霊自身の欲望を果たそうとする霊である。未浄化で未修行で、まだ自分自身が現界を去って（つまり死亡して）、霊幽の世界をさまよっていることすら気づかぬ霊がウヨウヨいるのである。こういう連中に憑依されたり、身辺で騒がれたりしたら、それこそたまったものではない。

苦しみ悩む方がたから相談を受ける身であればこそ、私の力のおよぶ限り、除霊に努めるのはもちろんやぶさかではない。だが、私にだってどうしても手をつけられない場合もある。また本書でも詳述したとおり、霊障とかタタリではなく、本人の性向や土地の性質が作用していることもないわけではない。

ともかく、つくづく感ずることは、この世の中には迷い苦しんでいる人びとがいかに多いかということであり、同様に霊幽の世界でも、迷い、苦しみ、恨んでいる霊の多さに慄然《りつぜん》とさせられるのである。そして、霊幽界と現界とが、どれほど深く密接なつながりを持って連動しているかを思い知らされるのだ。

ご先祖さまの霊はもとより、神仏にたいし、丁重な態度で接することが必要なのはもちろんだが、本書の第一部でも実例をあげたとおり、それも慎重に行なわないと、こと志に反して、とんでもない結果を招くことが少なくない。ごく最近でも、私が敬愛する知人が、友人に誘われ、ある有名な神社にお参りしたばかりに、筆舌に尽しがたい苦難にあい（差し障りが大きすぎて具体的には記せないが）、私が大童《おおわらわ》で除霊に努めた例がある。

神詣でもけっこう、信心もよろしいが、くれぐれも過ちを起こさぬよう、本書を熟読玩味《じゅくどくがんみ》していただきたい。

尚、本書の第一部はかつて刊行した『タタリ霊走る』を、第二部は『真説日本霊学』をそれぞれ底本に加筆・再構成、その後の研究を加えたものであることをお断りしておく。

最後に、読者の皆さまが、心霊の世界と良好で有益な縁を結び、幸福で平安な一生を送られるよう、心から願っていることを付け加えさせていただきたい。

平成十四年六月　京都にて

皆本幹雄《みなもとみきお》

◎著者への面接・講演・講習などのお問い合わせは左記まで郵便にてお願いいたします。
〒600-8691　京都中央郵便局私書箱第130号
施法塾《せほうじゆく》（担当・早林志剛）

◎著者について

皆本幹雄（みなもと　みきお）

1930年広島県生まれ。幼いころより、霊視・霊聴などの特殊な素質に恵まれていたが、自らの能力を深く自覚しないまま青壮年期までを過ごす。教職に就いていた1968年、深く悟るところがあって心霊学の研究に没頭、霊感師として現在に至る。多くの相談者の運命の吉凶、事業運、財運、異性運などに的確な答を導き、運命改善に大きな貢献をしてきた。本書の基礎篇となる『霊は生きている』（小社刊）ほか、著書多数。現在、京都市在住。

悪霊《あくりょう》から身《み》を守《まも》る方法《ほうほう》

◎著者
皆本幹雄《みなもとみきお》

◎発行
初版第1刷　2002年7月20日

◎発行者
田中亮介

◎発行所
株式会社 成甲書房

郵便番号101-0064
東京都千代田区猿楽町2-2-5
振替00160-9-85784
電話 03(3295)1687
E-MAIL　mail@seikoshobo.co.jp
URL　http://www.seikoshobo.co.jp

◎印刷・製本
株式会社シナノ

Printed in Japan, 2002
ISBN4-88086-134-0